明治維新
1858-1881

坂野潤治＋大野健一

講談社現代新書

2031

まえがき

「途上国ニッポン」のユニークさ

本書は、我が国の幕末維新期の社会変容を導いた政治メカニズムを、歴史比較および国際比較の視点をもって明らかにしようとする試みである。

明治維新は、欧米列強が支配する一九世紀の国際秩序に後発国日本が組み込まれるという国際統合過程であったという理解は、もはや常識的なものであろう。またその過程で、幕藩体制と身分制度に決別した日本が、ペリー来航以降の約半世紀の間に政治的にも経済的にも軍事的にもめざましい「近代化」を遂げ、二〇世紀初めについに「一等国」の仲間入りを果たしたことも、すでに言い古されたことではある。だが、後発国が欧米諸国にキャッチアップし、彼らから対等の取り扱いを受けるにいたるという、現在においても成就したといえる国がきわめて少ない大事業を一世紀も前に達成した日本に対して、新たな視点から驚き直すことは決して無駄ではない。

我々が議論したいのは、幕末維新期に何が起こったのかというすでに十分検討されてきたことがらではなく、この世界史的に見て実に驚くべき事業の背後にどのようなタイプの指導者がおり、彼らがどのような動きをすることによってそれを達成できたのかという問題である。我々はその答えを叙述するにとどまらず、いくつかの評価基準を提示することによって、他例との比較に堪えるモデルに仕立てあげたいのである。

本書は、明治から戦前昭和にいたる我が国の民主化努力の成果と挫折を、通説に疑問を投げかけながら描きつづけてきた政治史家と、アジアやアフリカに頻繁に足を運びいままさに工業化せんともがいている途上国政府との政策対話に挑んでいる開発経済の実践者が、互いに惹きあって成立したコラボレーションから生まれた。その経緯は「あとがき」に譲るとして、この異なる知見をもつ二人の研究者が、一九世紀半ばの「途上国ニッポン」が備えていた政治メカニズムを時空を超えて見つめなおしたとき、そのユニークさにともに驚き、大いに知的興奮を覚えたのである。この驚愕と興奮をより多くの読者に伝えたいというのが、本書を共同執筆する動機となった。

明治維新と開発独裁の違い

明治維新には、軍事力によって幕府を倒した薩長土肥の武士たちが、新政権を独占し、憲法・議会の到来をできるだけ遅らせ、またその内容をできるだけ専制的なものに制限しながら、経済や軍事の近代化に邁進《まいしん》したという通説がある。この非民主的で開発一辺倒の藩閥政権というイメージは、第二次世界大戦後に東アジアで成立した、韓国、台湾、シンガポール、マレーシアなどの開発独裁の原型とも考えられている。しかしながら、我々が主張したいのは、明治政府に対するそのような理解はまったく事実に反しているという点である。

明治時代は、戦後東アジアの開発独裁のように、一人の独裁者あるいは単独政党が長期にわたって抑圧的な開発主義を貫徹した時代ではなかった。

一九四九年に中国内戦で国民党が共産党に敗れて台湾に移ったとき、そこに成立したのは、外来の指導者が国防と経済発展を最優先課題として追求する、過去の台湾とは完全に断絶した開発国家であった。軍事クー・デタにより一九六一年に韓国に成立した朴正熙《パクチョンヒ》政権は、やはり共産勢力の脅威と戦うために、前政権の腐敗・無能を一掃したうえで、国家が民主主義を抑圧しながら民間を主導し経済発展を上から強制するものであった。やがて韓国は鉄鋼、造船、自動車、電子などで世界をリードするようになり、台湾も電子産業を中心とするハイテク化に成功して大いに所得を高めたのである。

東アジアの開発独裁の特徴は、こうした単純明快な国家目標を二〇～三〇年あるいはそれ以上にわたって掲げつづけたことにあった。この過程を通じて、台湾・韓国などはめざましい経済成長を実現し、東アジアの他の多くの国もそこそこの中所得を達成できたのである。

だが、明治政府においては、長期にわたって采配をふるった独裁者は存在しなかったし、本書で証明するように、経済開発が民主化に優先するという一般的合意も形成されなかった。明治天皇は名目的な最高権力者であったが、政治の実権は多数の藩閥政治家が入れ替わり立ち替わり握っていたのである。

柔構造という仮説

実際、個々の人物や事件を追う人にとっては、幕末維新期はきわめてわかりにくい時代である。まず幕末の志士にせよ明治の政治家にせよ、登場人物がやたら多い。そして彼らの間に政策論争や政治闘争が延々と展開されていく。国家目標なるものが複数個あって、それらが合体したり変容したり逆転したりする。また指導者や各グループの目標もどんどん変わっていくように見える。

一橋慶喜《ひとつばしよしのぶ》の将軍就任を強力に推していた薩摩（鹿児島）藩が、ついには彼の率いる徳川幕府を軍事攻撃するにいたる。尊王攘夷に凝り固まっていると思われた長州藩が、維新が達成されたとたん開国進取の旗手となって近代化を断行しはじめる。明治政府の参議として征韓論を唱えた板垣退助《いたがきたいすけ》は、政争に敗れて野《や》に下ったとたん議会設立運動を起こす。「富国強兵」のスローガンは誰でも知っているが、その意味するところは、藩単位の軍事力強化策から日本全体の工業化戦略へと展開を遂げる。しかもある時期になると、「富国」派と「強兵」派が反目しはじめる。韓国や台湾の権威主義開発体制の単純さにくらべて、この複雑な動向を一言で表現することはまず不可能である。このわかりにくさは、単に指導者の節操のなさや政局の混乱からくるものであろうか。

我々はそうは考えない。際限のない闘争として眼に映じる幕末維新期のわかりにくさは、本書が提供する評価基準をもってとらえなおせば、それは当時の日本政治の弱点ではなく、むしろ世界史にほとんど類を見ない長所として浮かび上がってくるのである。我々はこれを政治の「柔構造」と名づけた。それを要約するならば次のようになる。

幕末開港期に商業活動と政治改革構想を通じて軍事力および対外交渉力を獲得した少数の雄藩は、藩を行動単位として、明治維新の前後を通じて複数の国家目標（幕末期には「富国強兵」「公議輿論《よろん》」の二つ、維新期には「富国」「強兵」「憲法」「議会」の四つ）を追求しつづけた。いずれの目標を標榜《ひょうぼう》するグループも、単独では十分な政治力が得られなかったので、他のグループとの協力関係を築くことによって自己の政策を実現しようとした。グループ間の政策闘争においては、「国家目標」「合従連衡《がっしょうれんこう》」「指導者」という三つのレベルの可変性・柔軟性が顕著であった。すなわち、目標の数や内容、指導者のめざすもの、グループ連合の組み方それぞれが、状況に応じて変わっていったのである。しかも、そのことが大きな混乱や消しがたい遺恨を生むことはほとんどなかった。当時の日本が具現していたこの政治的「柔構造」は、複数目標を同時に達成する能力、内外ショックへの適応力、政権の持続性のいずれにおいても、東アジアの開発独裁の単純な硬構造よりもはるかに強靱《きょうじん》であったというのが我々の仮説である。この仮説を具体的史実を挙げながら論証したのが、本書の第一部である。

政策論争の時代

別の言い方をすれば、幕末維新期は、政治制度が整わないなかできわめて成熟した政策論争が行われた時代であった。いうまでもなく、幕藩体制を崩壊させた時点では、我が国には近代的な政治制度はまったく存在しなかった。憲法も議会も内閣も法律もない状況のもとでは、まずそれらの概念を学習したうえで、いかなる順序と中身をもってそれらを国内に構築するかということ自体が、政治闘争の主たるアジェンダであった。

それでは、近代的な政治制度に拘束されない政策論争が、極端から極端への振れや敵味方分かれての果てしない内乱を惹起《じやつき》したかといえば、当時の日本に関していえば、それはむしろ逆であった。そこでは、欧米視察を踏まえた複数の憲法論が戦わされ、後発国工業化の戦略が練られ、欧米発の技術や制度を日本社会に適合させる方策が論じられたのである。幕末京都に横行した政治テロや戊辰戦争と呼ばれる小規模内戦は発生したものの、それらをフランス革命の大流血や現代の途上国にしばしば見られる報復政治の不安定性と比較すれば、幕末維新期の我が国の政治は比較的狭い範囲で揺れ動いたに過ぎなかった。

しかしながら、明治末、大正、戦前昭和と時を経て、民主主義が次第に制度化され、政治のルールが確立されていくにしたがい、政策論争の内容はむしろ形骸化《けいがいか》していった。政党内閣や普通選挙が導入されれば利権政治や汚職腐敗が減少し、国政は民意をよりよく反映するようになり、貧しい勤労者の地位を引き上げる社会政策が行われるであろうと説いた大正デモクラシーの指導者吉野作造《よしのさくぞう》博士の楽観は、ファシズムの台頭とそれに迎合する一部の政党によって裏切られることになった。やがて戦前国会での討論は、軍縮条約の調印が統帥権《とうすいけん》を干犯《かんぱん》するか否か、天皇は国家の機関であるか神であるか、といったわけのからない政争の具へと堕落することになる。ここには、政治制度の構築と政策論争の充実の相関の欠如という、きわめて重要な問題が提起されているのである。さらには、最近終焉《しゅうえん》した戦後の自民党政治をふりかえっても同様の問題が指摘されよう。

戦後日本の民主主義は、国民主権、人権擁護、三権分立、平和主義のいずれをとっても完璧に近い制度を享受するにいたった。それは、戦前日本にはとても考えられなかった民主主義の実現であった。だが、この恵まれた制度の下での近年の政策論争が幕末維新期のそれよりも高度であったかと問われれば、我々は首をかしげざるをえない。

幕末維新という鏡

あるいは、時間軸を空間軸に置き換えて明治維新を再考してみよう。現代の途上国を数多く訪問してみても、幕末維新期のような政治構造や指導者変遷のパターンにめぐり合うことはできないのである。

東アジアの開発独裁は、明治政府の「柔構造」とくらべればはるかに硬直的で抑圧的な政治体制ではあったが、それが後発国の工業化を推進し国民所得を高めるのに貢献したという事実は否定しがたい。

しかしながら、その東アジア型開発体制でさえ、現在の大多数の途上国にとっては導入しがたい難事とみなされている。非民主的であるから採用すべきでないというのではない。採用しようにも、それに必要な政治安定や行政能力を確保できないのである。

多くの途上国の政治を支配しているのは過激性と不安定性である。そこには民族、宗教、地域、都市・地方などを軸とする埋めがたい格差と不信が存在し、対立の固定化や先鋭化、政策の過度のブレ、前政権に対する仮借《かしやく》ない訴追とその政策の全否定（報復政治）が日常茶飯事となっている。そうした途上国にとっては、幕末維新期の「柔構造」などまったくの夢物語といわざるをえない。

二一世紀に残された途上国にとって、「柔構造」は容易に実現可能なモデルでは決してないが、彼らに欠如している要素を認識するための鏡にはなりうる。貿易自由化に備えての国内産業育成をベトナムの工商省幹部と議論するとき、あるいは政治体制、農村振興、工場カイゼンなど多岐にわたる政策対話をエチオピア首相と重ねるにつれ、幕末維新の政治を参照したくなるのである。後発国の開発や民主化は皆この程度のものであるという通念は、「柔構造」モデルという別の軸を立てることによって相対化され、眼前の現実とは異なる構想が可能なのではないかという疑問が湧きあがってくるからである。

このように考えてくると、明治維新という我が国の史実を開発を主題とする比較政治の観点から見つめなおすことは、単なる過去の再検討にとどまらず、きわめて現代的な意義を持つ作業であることがわかるのである。読者が本書を読了されたのちに、この結論に同意してくださるならば著者らにとってまことに幸せである。

我々の思考に対して知的貢献をしてくださった人びとは多すぎて列挙できない。ここでは、本書の企画を直接に支援していただいた方々に感謝を捧げておきたい。ヨーク大学政治学部のエイドリアン・レフトウィッチ教授には、我々の合作の機会をつくった「開発における指導者とエリート」研究プロジェクトへのお誘いに対し謝意を表すとともに、英語論文よりも日本語の本を先に完成させてしまったことをお詫びせねばならない。政策研究大学院大学（GRIPS）開発フォーラムの二人の有能なアシスタント、吉川《きつかわ》やよいさんと林田篤子さんには、資料収集と著者間の連絡を担当していただいた。講談社の所澤淳さんには、本書の出版に関わる一切をお世話になった。ただし今回は、怠慢な著者を叱咤激励してようやく出版にこぎつけたという通常のコメントはあてはまらない。著者らの方が、一生懸命になって完成を急いだからである。

二〇〇九年一〇月

大野健一

目次

第一部　明治維新の柔構造

1　明治維新というモデル

後発国のキャッチアップ

一九世紀後半に、日本社会は外圧によって大きな変化を余儀なくされた。かつて一七世紀初頭に長い内戦を収拾して打ち立てられた徳川軍事政権は、武士を頂点とする身分制度、中央政権への各大名の絶対的忠誠を要求する政治制度、厳しく管理された対外接触や外国貿易のもとで、二世紀半の政治安定と経済社会の発展を実現した。

しかしながら、一九世紀半ばになると、優越した技術力と経済力を誇る欧米列強の到来により、この漸進《ぜんしん》的な内的発展は突然打ち破られた。ペリー提督率いるアメリカ艦隊（四隻のクロフネ）が、武力を背景に日本に開国を強制することを目的に江戸湾に現れたのは一八五三（嘉永六）年のことであった。

それ以来、日本の国家目標は、圧倒的な欧米圧力に対峙《たいじ》しながら、いかにして政治的独立を守り、社会を西洋化・近代化し、欧米列強にキャッチアップしていくかというきわめて外向的な課題へと変容したのである。

第一部の目的は、幕末から明治前期にいたる「変革期」を貫いて存在した日本の政治過程を解明することにある。我々が「柔構造」と命名するそのパターンは、国際統合にさらされた後発国のキャッチアップという大事業を成し遂げるための一つの、そして歴史的に見てきわめてユニークな政治過程であった。この過程をモデル化しておくことは、明治維新の意義を再検討するためにも、それ以降の日本の歩みや現在の途上国の開発過程をこのモデルで照射しその相違を理解するためにも、有用であると考える。

以下では幕末維新期という我が国では議論しつくされたテーマを扱うわけだが、我々の主たる関心は、このダイナミックな時代の全社会的変革を可能にした政治のありように向けられている。

国家システムを組み替えた変革期

我々が対象とする「変革期」をより正確に限定すれば、一八五八(安政五)年から一八八一(明治一四)年までの二三年間ということになる。ここでいう変革とは、開国のインパクトに対応するために政治体制を再編し、国家目標を定めなおし、その具体的内容、優先順序、工程表および実施者につき合意・決定する過程をさす。

一八五八年は、日米修好通商条約を皮切りに蘭露英仏との通商条約があいついで調印された年であり、翌年から本格的な対欧米貿易が開始された。また欧米の衝撃を乗りきるための政治経済的構想――以下で我々が幕末期の「封建議会」論および「富国強兵」論と呼ぶもの――が形成されはじめたのもこの年であった。その嚆矢《こうし》は、薩摩（鹿児島）藩主島津《しまづ》斉彬《なりあきら》（一八〇九～一八五八年）による藩単位の富国強兵および明賢諸侯による合議制の構想である（ただしその実施は一八六二年頃から）。ゆえに、開港という事実からしても、それへの対応の観点からも、一八五八年は日本が変革の第一歩を踏み出した年とみなすことができよう。

いっぽう一八八一年は、いわゆる「明治十四年の政変」を機に明治天皇が九年後の一八九〇（明治二三）年に国会を開設するという詔《みことのり》を出し、また国営企業の民営化路線が明確に打ち出された年でもあった。さらに松方財政のもとでのインフレの収束や日銀の創設を含む金融改革が開始される前夜でもあった。これらのことから、欧米の衝撃を受けて国家システムを根本的に組み替えた長い変革期が一八八一年をもって一応終了し、それ以降は目標実現に向けての各路線の実行段階に移り、実際に憲法制定・議会開設および企業勃興・産業革命の果実が以後十数年内に達成されたとみなすことができるのである。

教科書的な時代区分としては、大政奉還と王政復古を境に江戸時代と明治時代に分かれるわけだが、我々の目的からはこの分け方はあまり意味がない。一八六七（慶応三）年から翌年にかけて起こったのは、幕府というそれまでの主要プレーヤーの脱落であった。誰が政権をとるかという政局的観点からはこれはたしかに重大事件だが、後に詳述するように、政策論争の内容や政治過程の性格を見るかぎり、その前後に明確な断絶は見られない。また幕府以外のプレーヤーの連続性も顕著である。

ゆえに形式論ではなく、グローバル化圧力に対処せんとする後発国の努力の歴史という観点から時代を区分するとき、一八五八年までを開国以前、一八五八〜八一年を開国の衝撃を受けての変革期、それ以降を実践期ととらえた方が論理的に明快なのである。

明治革命の複雑さ

通説によると、明治時代とは天皇を戴《いただ》いた強固で排他的な藩閥政権が、立憲政治の到来をできるだけ遅らせながら経済と軍事の近代化に邁進した時代ということになっている。あるいは、明治革命を第二次世界大戦後の北東アジアや東南アジアの開発独裁のイメージと重ねて、雄藩の軍事力をもって一八六七（慶応三）〜六八年の幕府排除と一八七一（明治四）年の廃藩置県の二革命を強行し、一八七三（明治六）年の岩倉使節団の帰国と西郷隆盛《さいごうたかもり》（一八二七〜一八七七年）・板垣退助（一八三七〜一九一九年）らの征韓論者排斥をもって殖産興業路線が確立したという理解がなされることがある。しかしながら、このような解釈は事実と相反しているというのが我々の主張である。

第二次世界大戦後の東アジアでは、国民を貧困から脱出させ工業化を推進するために、強い指導者が率いる強い政府が多くの国で採用された。それらの国では、民主主義は当面棚上げされたうえで、トップダウン型の開発政策が矢継ぎ早に打ち出され、輸入代替、輸出振興、重化学工業化、技術導入、人材育成、インフラ整備などが急速に進行した。その典型は韓国の朴正熙政権（一九六一〜七九年）と台湾の蔣介石《しょうかいせき》政権（一九四九〜七五年）である。さらに、中国においては鄧小平《とうしょうへい》政権（一九七六〜九七年）、東南アジアにおいてはシンガポールのリー・クワンユー政権（一九六五〜九〇年）、マレーシアのマハティール政権（一九八一〜二〇〇三年）、タイのサリット・タノム両政権（一九五八〜七三年）がそれに近い政治経済運営を行った（渡辺利夫『新世紀アジアの構想』、ちくま新書、一九九五年。大野健一・桜井宏二郎『東アジアの開発経済学』、有斐閣アルマ、一九九七年）。

これらの東アジア型開発独裁の特徴としては、①内外危機への対応を契機として成立、②強力なリーダー、③彼を支える忠実で有能なエリート集団、④開発イデオロギーの最優先（政治改革のあとまわし）、⑤民主的手続きではなく経済成果にもとづく正統化、⑥同一体制の継続（二〇〜三〇年程度）とそれがもたらす社会の内的変容、が挙げられる。

しかしながら、このうちで明治革命との共通項は、①の内外危機の存在のみである。以下で示すように、明治前期は単純な構造の独裁体制が何十年も存続した時代ではない。またカリスマ的なリーダーが上意下達の命令を下したわけでも、経済の近代化という単一目標を他目標を犠牲にして追求したわけでもない。また政権の正統性を天皇の権威や経済的果実のみに依存したわけでもなかったのである。天皇は国民統合の象徴としての重要な政治的意義を担い、ゆえに明治期の指導者にとっては尊崇し、権威を付与し、正統性の由来となる存在ではあったが、実権をもつ独立した政治力ではなかった。ゆえに以下の3節で我々が掲げる指導者リストには、明治天皇は含まれていない。

明治革命は、複数目標——大きく分ければ幕末の「富国強兵」と「公議輿論」の二目標、細かく分ければ「富国」と「強兵」と「議会」と「憲法」の四目標——の並立的競合、リーダー間の合従連衡（たとえば薩長同盟や薩土盟約）、およびリーダーたちによる目標の優先順位の自由な変更（「富国強兵」の重視から「公議輿論」の重視への変更、あるいはその逆の変更）を通じて達成された（坂野潤治『近代日本政治史』、岩波書店、二〇〇六年。坂野潤治『未完の明治維新』、ちくま新書、二〇〇七年。坂野潤治『日本憲政史』、東京大学出版会、二〇〇八年）。

それぞれの目標やリーダーも固定的なものではなく、変遷と発展が見られた。優先される路線は数年ごとに入れ替わり、いったん勝利したグループも敗退したグループも永続的にその地位にいるわけではない。経済目標が政治目標に優先されたわけではないのである。この動態が混乱や分裂に陥ることなく、一時的後退はあっても、長期的に見れば政治と経済の改革は着実に達成されたのであった。これは開発独裁としてイメージされる単一目標の追求や単純な政治構造およびその単線的な進行とはまったく異なる、きわめて複雑な局面展開をともなうモデルである。

2 柔構造の多重性

「公議輿論」と「富国強兵」――目標のダイナミズム

明治革命の柔構造は、国家目標、合従連衡、指導者自身の三側面に分解することができる。この具体的展開は4節で詳説するが、ここではその見取り図を提示しておきたい。

第一は、目標のダイナミズムに見られる柔構造である。「変革期」を通じて国家目標は変容と発展をつづけた。開国前後に提唱され、次第に雄藩間で賛同者を増やしていった改革指針は、政治的には「公議輿論」であり、経済軍事的には「富国強兵」であった。

このうち公議輿論は、欧米圧力の難局を乗り越えるために明賢の諸侯四、五名が同盟すべしというアイデアが次第にふくらみ、約三〇〇藩すべての合議制、さらには藩主からなる上院と藩士からなる下院の二院制の構想へと進んでいった。これが平和裏に実現せず戊辰戦争を招いたのは、合議制の小部分への格下げを迫られた幕府が（雄藩側の挑発もあって）これへの参加を拒否したためである。

維新後は、欧米思想の影響を受けた旧長州藩の木戸孝允《きどたかよし》（一八三三～一八七七年）、旧土佐（高知）藩、および福沢諭吉《ふくざわゆきち》（一八三四～一九〇一年）の門下生らによって、身分制に依拠する封建議会論は近代的な憲法制定と議会開設の推進へと思想的に格上げされ、そのなかでさらにイギリス流の急進派とドイツ流の保守派に分かれた。

ただし、いずれの形をとるにせよ、合議政体を最終的に完成させることは、新政府にとって革命に正統性を与える重要な政治的条件とみなされていた。幕末期の「封建議会」論と明治維新後の「民撰議院設立建白書」（一八七四年）との中継点となったのが、有名な五箇条の御誓文の「広ク会議ヲ興シ万機公論ニ決スベシ」（一八六八年）の一文である。

いっぽう幕末期の富国強兵は、各藩ごとに封建商社を創設し、各地の特産物を輸出して銃砲・軍艦を西洋から購入し、もって藩の軍事力を充実させ幕府や他藩に対抗するという考え方であった。これを実行できた藩が実際に倒幕勢力となり、明治政府の中枢に据わることになる。しかしながら、このような藩単位の割拠的な発想は、やがて産業投資を通じて生産力そのものを近代化するという構想に変わってゆく。維新を経て、一八七二（明治五）～七三（明治六）年に欧米視察を行った旧薩摩藩の大久保利通《おおくぼとしみち》（一八三〇～一八七八年）にとっては、富国は単に特産物を売買して利益を得るという幕末の重商主義的行為ではなく、西洋技術を体現する機械制工場を政府主導で建設し国内生産力を大幅に引き上げるという開発主義的な概念、すなわち「殖産興業」へと変容した。強兵については、王政復古と廃藩置県という革命を達成し国内ですることがなくなった「革命軍」（彼らを不平士族と呼んでは彼らの歴史的役割を矮小化《わいしょうか》してしまう）が、東アジアの周辺国に対する外征とそのための予算を要求するという形に展開した。ここにいたって富国と強兵は分離し、財政的に競合する目標となる。この文脈で殖産興業派の大久保が腐心したのは、外征派を懐柔しながら、財政危機を招く対外紛争をできるだけ避け、いかに多くの予算を工場建設に充当するかという点であった。

柔軟な連携の組み換え

第二は、グループ間の合従連衡にかかわる柔構造である。上記の通り、公議輿論と富国強兵という幕末の二目標は変容と発展を遂げて、明治初期には開発派（大久保）、外征派（西郷）、議会派（板垣）、憲法派（木戸）の四派となり、それぞれのリーダーの下に賛同者が結集した。

ここで重要なことは、幕末期と維新期のいずれにおいても、各派は単独では十分な政策実施能力を欠いており、他の一、二派と連携して政府内に「連合」を形成することにより、ようやく自派の政策を他派のそれとともに追求することができたという点である。外征論であれ民撰議院論であれ殖産興業論であれ、一派の突出は他派の牽制を招き、一派の挫折は他派が補完した。しかもこうした連携と牽制の関係は固定されておらず、状況変化に応じて数年ごとに組み換えられた（具体的な展開は4節で分析する）。いったん対立したグループ間に修復しがたい遺恨が生じるというような事態もほとんど見られなかった。

国家目標と指導者の基本的組合せ

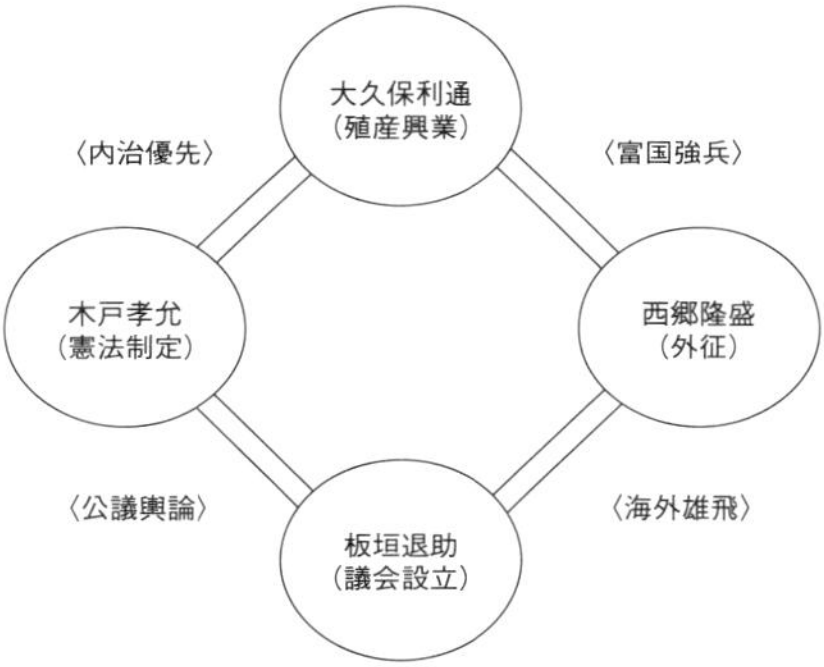

※「柔構造」の下では、国家目標と指導者の対応やグループ間の連携は固定されたものではなかったが、基本となるパターンをここに示した。

一見政争の連続に見えるこの過程は、意外に混乱に陥ることなく、実験と失敗を重ねながらも長期的には複数の国家目標を達成することができた。それはあたかも多発する小地震が大地震の発生を防ぐのに似ており、あるいは為替レートの日々の変動をある程度許すことにより大きな変動へのエネルギーを蓄積させないメカニズムになぞらえることができる。

このように柔軟な連携の組み換えが長期にわたって持続したのはなぜだろうか。

一つの理由は、王政復古以前の一〇年間に封建商社（各藩の開港場での「商会」）の経済事業および封建議会（藩主会議を上院、家臣代表会議を下院に想定していた）の政治構想をめぐって藩間交流が活発となっており、ゆえに藩や路線をこえた相互信頼がかなりの程度醸成され、維新後もその延長としての旧藩単位での合従連衡がきわめて自然に継続されたからである。上記四派を旧藩グループに対応させてみると、開発派が旧薩摩藩の一部、外征派が旧薩摩藩の別の一部、議会派が旧土佐藩、憲法派が旧長州藩とおおまかにいうことができる。

もう一つの理由としては、幕末期の指導者層にはナショナリズムや尊王思想が広く共有されており、それが欧米との接触を通じてさらに強化されたことが挙げられる。この社会的エトスが政治闘争をある一定枠内にとどめて暴走を回避させたのである。これらの点については、のちに第三部で再説したい。

複数目標のシェア

第三は、指導者自身の可変性と多義性に関わる柔構造である。後世の目からは、西郷は軍事リーダーかつ反逆者、大久保は典型的な開発官僚、板垣は議会開設の旗手ということになっているが、このいずれの人物もはじめから単一目標に固執しそれのみに邁進していたわけではない。目的間の相互乗り入れや乗り換えは幕末・明治期の指導者に頻繁に見られたことである。むしろ彼らは幕末期の二目標（富国強兵と公議輿論）あるいは維新期の四目標（富国、強兵、議会、憲法）を分かち合っていたのであり、複数目標それぞれの重要性を了解しながらも、ときには外からの刺激や新着想を得て、ときには事態に流されることによって、いずれかの目標に特化していったのである。

その意味では、西郷にとって征韓論争をめぐる下野《げや》（一八七三年）以降も「革命軍」の信望を一身に集めたという事実、大久保にとっては欧米視察による西洋近代工業への開眼（一八七二〜七三年）、板垣にとっては下野直後に出した「民撰議院設立建白書」（一八七四年）の予想外の反響が、それぞれの道を定めるのに決定的だったようである。

もし彼らが根本のところで複数目標をシェアしていなかったなら、一八七二（明治五）年に欧米視察中の大久保がイギリスでの工場視察の興奮を日本の西郷に書き送ることはなかっただろうし、留守政府にいた板垣が外征論と議会論の間を迷うこともなかったであろう（一八七三年の「征韓論」と翌七四年の「民撰議院設立建白書」）。

また同様の理由から、カリスマ的リーダーは存在せず、指導者の交替が可能で、一人の主導者（たとえば殖産興業派の大久保）の死や失脚でその派が途絶えるということはなかった。

ただしやや異質なのは、根なし草的なところのある大隈重信《おおくましげのぶ》（一八三八〜一九二二年）である。彼は経済政策に関しては緊縮財政主義から積極財政主義へと鞍替《くらが》えし、政治改革に関しては保守派とみなされていたにもかかわらず急進的な憲法制定・議会開設案を突如提示することによって、ついに明治政府を追われることとなった（「明治十四年の政変」）。

佐賀（肥前）藩出身者は大隈にかぎらず、江藤新平《えとうしんぺい》（一八三四〜一八七四年）、大木喬任《おおきたかとう》（一八三二〜一八九九年）、副島種臣《そえじまたねおみ》（一八二八〜一九〇五年）らも含めて、旧藩単位でグループを形成することはなく単独行動が多かった。これは幕末期の佐賀藩が自藩だけで「富国強兵」を実践し、それがかなり成功したために他の雄藩と連携する必要を感じなかったからである。ゆえに旧佐賀藩士は共同作業や連携組み換えの訓練を受けておらず、その母体となる枠組みも存在せず、ゆえに自己主張のためには過激性や単独プレーに頼る傾向があった。これが明治政府において「薩長土」にくらべ「肥」の存在感が薄かった理由であり、その政治的柔構造に旧佐賀藩士が参入できなかった理由でもあった。

「まえがき」でも触れたが、複数目標を同時に追求する能力、内外ショックへの対応力、政権の持続性のいずれにおいても、明治政府が示した政治的柔構造は、第二次世界大戦後の東アジアの開発独裁に見られた単純な硬構造よりも強靱であったといえよう。明治初年における政治制度はいまだ建設途上であったが、政策競争の内容や合意形成の過程といった政治の実質には、きわめて成熟したものがあったのである。

3　明治維新の指導者たち

サムライの革命

明治革命はどのような人びとによって指導され実行されたのだろうか。

我々が考察対象とする幕末維新期においては、政治的領域に関するかぎり、その主たる担い手は士族（武士）であった。すなわち、明治革命はサムライによる革命であり、欧米の衝撃によって開始された変革期は、幕藩体制の政治的担い手であり特権階級でもあった武士によって進められたのである。

本書の以下第一部と第二部で言及される幕末維新期の指導者の生没年、業績分野および出身を三四〜三五頁の表に掲げる。掲載は生年順である。

ここでリストアップされた五五名の出身内訳は、藩士四四名、藩主六名、旗本（幕府所属のサムライ）二名、公卿二名、町人一名である（ここでは、薩摩藩の事実上の権力者であった島津久光《しまづひさみつ》〈一八一七〜一八八七年〉を藩主と数え、また脱藩志士の坂本龍馬《さかもとりようま》〈一八三五〜一八六七年〉・中岡慎太郎《なかおかしんたろう》〈一八三八〜一八六七年〉および農民に近い士分であった岩崎弥太郎《いわさきやたろう》〈一八三四〜一八八五年〉・伊藤博文《いとうひろぶみ》〈一八四一〜一九〇九年〉を藩士とみなす）。藩士すなわち藩所属の武士が八割ときわめて多い。しかもその出身地を見ると、薩長土肥だけで三五名とその大部分を占めていた。また藩主、藩士、旗本を合計した士族全体は五二名となり、指導者の九五パーセントを輩出しており圧倒的な数である。

ここで、理屈の上では、雄藩士族を中心に分析した本書においては登場人物の選択に偏りがあるという批判はありえよう。だが実際問題として、幕末維新期の政治変革を論ずる際に、我々の表と重なりをほとんど持たない指導者リストを提示することはまず不可能と思われる。指導者を多少入れ替えたとしても、我々の上記の結論は揺るがないと断じてよいであろう。

いうまでもなく、指導者の数は人口全体からするとごくわずかなものであった。その正確な数は、指導者の定義の曖昧《あいまい》さにより確定することができないが、一つの目安は、全国の地方史研究者を含む八〇〇人の執筆陣を動員して、保守、漸進、急進にかかわらず、幕末維新期の重要人物と認められる者をすべて網羅した『明治維新人名辞典』（日本歴史学会編、吉川弘文館、一九八一年）に掲載された人物の約四三〇〇人という数字である。このなかには公卿や豪農も含まれるが、圧倒的な部分は士族によって占められている。この数字を幕末維新期のアクティブな指導者の数と仮に想定すると、当時の武士総数が約四五万人であるから、その約一パーセントが社会変革に積極的に関わったといえよう。あるいは当時の全国人口約三五〇〇万とくらべると、活動家四三〇〇人の人口比率は〇・〇一二パーセントということになる。

さてここで、なぜ武士たちが自らの地位の拠《よ》り所である封建制度や身分制度を破壊するような革命を強行したのかという疑問がわいてくる。その答えは、当初はそのような過激な変革は意図されておらず、むしろ旧制度の枠内で外圧に対峙しうる政体を再編することがめざされていたというものである。ゆえに彼らはエリートとしての使命と誇りに燃えてその任にあたったのであった。それが体制の否定にまで突き進んだのは、欧米思想による覚醒、幕府との政治闘争、中央集権の必要性、明治初年の旧勢力（公卿・藩主）の保守性などがあいまって、新政権の確立と維持のためには所期の目的を大きく逸脱する行動が不可欠となったからである。政治改革を意図してはじまった運動は、ついに政治革命にまでおよんだのであった。

旧体制に属する公卿、幕府学者、在野学者、豪商、豪農といった人びとの政治的貢献

幕末維新期の指導者

	名前	生没年	業績分野	出身
1	中根雪江(靱負)	1807-1877	政治学者	福井藩士
2	島津斉彬	1809-1858	薩摩藩主	薩摩藩主、島津斉興の長男
3	横井小楠	1809-1869	儒学者、政治家	肥後藩士
4	佐久間象山	1811-1864	兵法家、法学者、儒者	松代藩士
5	鍋島直正(閑叟)	1814-1871	佐賀藩主	佐賀藩主、鍋島斉直の十七男
6	内田政風	1815-1893	官僚	薩摩藩士
7	吉田東洋	1816-1862	政治家	土佐藩士
8	島津久光	1817-1887	薩摩藩の最高権力者	事実上の薩摩藩主、島津斉興の五男
9	大久保忠寛(一翁)	1817-1888	幕臣、明治官僚	旗本
10	長谷部甚平	1818-1873	福井藩寺社町奉行	福井藩士
11	伊達宗城	1818-1892	政治家	宇和島藩主、伊達宗紀の養子
12	長井雅楽	1819-1863	開国論者	長州藩士
13	村田氏寿	1821-1899	政治家	福井藩士
14	勝海舟	1823-1899	幕臣、政治家	旗本、小普請組の子
15	岩倉具視	1825-1883	政治家	公卿、堀河康親の第二子、岩倉具慶の嗣となる
16	山内豊信(容堂)	1827-1872	土佐藩主	土佐藩主、山内南家の分家の長男
17	西郷隆盛	1827-1877	政治家(維新三傑の一人)	薩摩藩士
18	岩下方平	1827-1900	政治家	薩摩藩士
19	税所篤	1827-1910	官僚	薩摩藩士
20	伊地知正治	1828-1886	軍略家	薩摩藩士
21	松平慶永(春嶽)	1828-1890	福井藩主	福井藩主、田安徳川家斉匡の八男
22	吉井友実	1828-1891	官僚	薩摩藩士
23	副島種臣	1828-1905	政治家	佐賀藩士、国学者の子
24	武市半平太(瑞山)	1829-1865	政治家	土佐藩士
25	由利公正	1829-1909	政治家、実業家	福井藩士
26	吉田松陰	1830-1859	尊王思想家	長州藩士
27	大久保利通	1830-1878	政治家(維新三傑の一人)	薩摩藩士
28	大木喬任	1832-1899	政治家	佐賀藩士
29	海江田信義	1832-1906	政治家	薩摩藩士
30	木戸孝允	1833-1877	政治家(維新三傑の一人)	長州藩士、藩医の子、養子となり桂小五郎と称す
31	毛利恭助(荒次郎)	1834-?	侍従、静岡県参事	土佐藩士

32	江藤新平	1834–1874	政治家	佐賀藩士
33	岩崎弥太郎	1834–1885	実業家、三菱財閥の創始者	土佐の地下浪人の子
34	福沢諭吉	1834–1901	啓蒙思想家、慶応義塾の創立者	中津藩士
35	坂本龍馬	1835–1867	志士	土佐藩士（脱藩）
36	小松帯刀	1835–1870	政治家	薩摩藩士、養子として小松家へ入る
37	五代友厚	1835–1885	関西の実業家	薩摩藩士
38	井上馨	1835–1915	政治家、実業家	長州藩士
39	福岡孝弟	1835–1919	政治家	土佐藩士
40	松方正義	1835–1924	政治家	薩摩藩士
41	川村純義	1836–1904	海軍軍人、政治家	薩摩藩士
42	三条実美	1837–1891	政治家	公卿、三条実万の子
43	谷干城	1837–1911	陸軍軍人、政治家	土佐藩士
44	板垣退助	1837–1919	土佐藩軍備総裁、政治家	土佐藩士
45	樺山資紀	1837–1922	海軍軍人、政治家	薩摩藩士
46	中岡慎太郎	1838–1867	尊攘志士	土佐の庄屋の長男（郷士）
47	後藤象二郎	1838–1897	政治家	土佐藩士
48	大隈重信	1838–1922	政治家、早稲田大学の創立者	佐賀藩士
49	山県有朋	1838–1922	政治家、陸軍軍人	長州藩士
50	小室信夫	1839–1898	政治家、実業家	豪商（丹後縮緬販売・回漕業）の子
51	黒田清隆	1840–1900	政治家	薩摩藩士
52	伊藤博文	1841–1909	政治家	長州藩で百姓の家に生まれ、最下層藩士になる
53	陸奥宗光	1844–1897	政治家、外交官	紀州藩士
54	古沢滋	1847–1911	政治家、官僚	土佐藩士
55	矢野文雄（龍渓）	1850–1931	政治家、文芸者	佐伯藩士

※本書の第一部、第二部で言及された主要人物につき、生没年、業績分野および出身を生年順に掲げたもの。

は、幕末維新期においては一部の例外はあるもののきわめて少なかった。また開国後ないし維新後に登場した新階層、たとえば生糸や茶の輸出で富裕化した農民・地主、横浜商人、政商・財閥、明六社《めいろくしゃ》あるいは福沢門下の知識人なども、政治や政府と関係をもつものもあったが、この時代の主たる政治的指導者とはいえなかった。

さらに一般大衆の政治関与については、この期においては皆無といってよい。一般大衆が暴動という形で政治参加をはじめるのは（江戸期からつづく政治性の希薄な農民一揆をのぞけば）日露戦争後の一九〇五（明治三八）年の日比谷焼討ち事件からであり、普選要求・女性解放などの近代的な社会運動が活発化するのは大正デモクラシー期（日露戦争後～一九二〇年代末）であるから、明治初年から見るとはるか先のことである。

インキュベーターとしての藩

武士の革命である明治維新についてさらに補足しておきたいのは、次の三点である。

第一に、明治革命は下級武士だけの革命ではなかった。有力藩主層はその見識においても指導力においても、また柔軟性においても優秀な下級武士に劣らなかった。たとえば薩摩藩主の島津斉彬やその後継の久光は、西郷隆盛、大久保利通、小松帯刀《こまつたてわき》（一八三五～一八七〇年）、五代友厚《ごだいともあつ》（一八三五～一八八五年）らの部下に命じて封建商社の運営、封建議会の構想、他藩との連携工作などを指揮しており、また部下たちからも逐次報告を受けていたから、薩摩藩の革命運動は藩主と藩士の合作ということができよう。藩主は当然のことながら藩士よりもはるかに数が少ないから、我々の表のなかでは少数派に見えるが、革命への貢献や影響力に関しては無視することができない存在であった。逆にいえば、通常なら ば各藩の権力者が主として活躍すべき政治の表舞台に下級武士も大いに参加できたというのが、明治革命の一つの重要な特色であった。

第二に、これと関連する点であるが、明治革命期には少数のリーダーとそれを支える多数のエリート層という形でのプレーヤー間の分離はあまり明確でない。

たとえば第二次世界大戦後の韓国やマレーシアにおいては、強力な大統領ないし首相が開発を先導し、彼のビジョンを具体化するために有能な官僚たち（彼らの多くは欧米の学位をもった帰国者であった）が動員されテクノクラート層を形成していた。

だが幕末維新期の日本においては、政治指導者は大部分が士族から輩出したものの、そのなかの誰が主役で誰が支援者になるかということは事前には決まっていなかった。もし封建議会の「上院」が平和裏に実現していれば開明藩主らも活躍できただろうが、武力闘争を経て実際に成立した明治政府における実力者は旧藩主ではなく旧藩士の方であった。また維新期の指導者たちは、かなりフラットな政府組織のなかで、個人的な盟友や協力者にはもちろん頼ったが、議会も選挙もはじまっていなかった当時においては政策運営に多数のエリート層や支持基盤を必要としていなかった。この意味でリーダーとエリートは未分化であり、政権支持層もいまだ不在ないし不要であった。

第三に、サムライたちによる政治的柔構造を実現するための条件を準備したという意味で、藩という単位の存在はきわめて重要であった。とりわけ雄藩の藩士たちは、藩の経済・政治活動を通じて幕府や他藩と頻繁に接し、あるいは外国人や欧米情報に触れることにより、国内見識、対外見識、交渉経験、通商経験などを積んでいった。またそれは藩をこえた国家的危機意識やナショナリズムの共有にもつながった。こうして理論と実践により鍛えられた雄藩の藩士たちは、上述したように、維新後も旧藩単位を基礎としてグループを再編しつづけた。

幕末期の藩は、日本がやがて封建制・身分制を打破し欧米列強に対峙するための人材育成とネットワーク形成を担うインキュベーター（孵化器《ふかき》）の役割を果たしたといえるのである。

以上で変革期を分析するための視点が提示されたので、次節では幕末維新期の政治過程を具体的に追っていこう。

4　政策と政局のダイナミズム

4−1　封建商社と封建議会（一八五八〜六八年）

これまでの通説的な明治維新論は、薩長土肥の軍事力により中央集権政府が樹立され、その中央集権政府の富国強兵政策により、日本の近代化が達成されたとするものである。概観だけで歴史を解釈すれば、この通説はたしかに成立する。一八六八（慶応四・明治元）年の内戦で幕府軍を倒したのは薩長土肥の四藩を中心とする軍事力だったし、三年半後の一八七一（明治四）年に約三〇〇の藩を解体して全国の租税と軍事力を中央政府に集中したのも、「御親兵」と呼ばれた薩長土三藩の軍事力のおかげだった。

しかし、四藩合計の領地は日本全国の数パーセントに過ぎない。四藩が幕末の外圧のなかでいかに富国強兵に努めてきたとしても、四藩の軍事力だけで全国を抑え込み、そのうえで「殖産興業」と呼ばれた工業化に全国の支持を調達できたとは、とても思えない。日本に固有な天皇の権威をもってしてもそのようなことは不可能だったにちがいない。

このような開発独裁型の明治維新像に我々が対置しようとするのは、「封建商社」と「封建議会」の結合というモデルである。江戸末期の雄藩に成立していたこのモデルが、のちの明治維新後の政治・経済政策運営に対し正統化のための理論を与え、またその指導者に実践的能力を準備したのである。

幕府打倒の正統性

一八五三（嘉永六）年のアメリカ艦隊の来日以来、とくに一八五八（安政五）年の欧米列強との通商条約の締結以来、上記の四藩をはじめとする有力諸藩は、長崎、横浜、大坂などの開港場に各藩それぞれの商社を設立し、自藩の特産物の輸出だけではなく、欧米列強が購買意欲を示す特産物を日本全国から買い集めた。

各藩は開港地の商人に商社を経営させたが、その元締めは各藩の藩士や一時的な脱藩藩士が担っていた。彼らのうち鹿児島藩の五代友厚、土佐藩の岩崎弥太郎はのちに明治の政商や財閥として有名となり、福井藩の由利公正《ゆりきみまさ》（一八二九〜一九〇九年）は維新直後の新政府の財政を担当することになる。幕末の四大藩の商社担当の武士たちは、維新後には官民の双方において明治政府の経済運営を支えたのである。彼らが藩士であり、彼らが担当した商社が各藩の領域をこえる商業活動をしていたことは、各藩の指導者に経済知識、対外知識、および藩をこえる国内知識を与えた。

他方、彼らの同僚のなかには、封建商社ではなく、封建議会の設立をめざして他藩や幕府内部の開明派との協力関係を作り上げていくものもあった。明治維新（一八六八年一月）に先立つこと三年半の一八六四（元治元）年旧暦九月、維新の両英雄である鹿児島藩の西郷隆盛と幕府開明派の勝海舟《かつかいしゅう》（一八二三〜一八九九年）が大坂ではじめて会談した。この会談で両者は、神戸開港を求める連合艦隊を編成した欧米列強に対抗するため、「明賢の諸侯四、五人」が同盟すべきであるという共通認識に到達した。

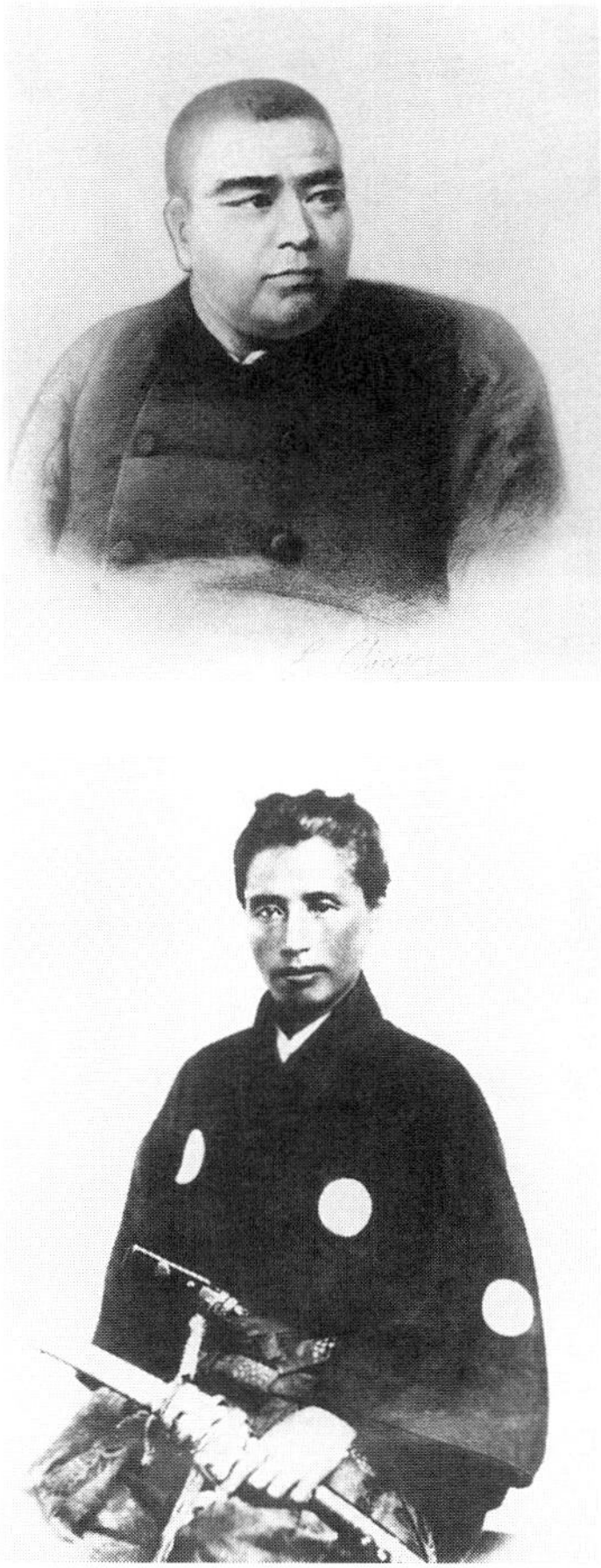

西郷隆盛（上）と勝海舟（下）

ここでいう四、五人の諸侯とは鹿児島藩、土佐藩、福井藩、佐賀藩の藩主もしくは実権者たちである（なお、幕末における四大雄藩は鹿児島藩、土佐〈高知〉藩、福井藩、佐賀藩である。明治維新後のもう一つの実力藩となる長州藩は、当時幕府と内戦状態にあった。一八六八年以降の新政府の構成は、福井藩が落ち、かわりに倒幕の急先鋒だった長州藩が加わった「薩長土肥」〈鹿児島、山口、高知、佐賀〉によって担われることになる）。

勝海舟との会談の結果、西郷は、これら有力藩主の合議制を創設し、欧米列強に対して硬軟両様の交渉を行うことを、当時鹿児島におり、のちに明治初年の政府の実権者となる大久保利通に提案しているのである。西郷はこの手紙において、もし幕府がこの提案を受諾しない場合には、「断然と割拠の色を顕《あらわ》し国を富すの策に出で候では相済み申すまじき義と存じ奉り候」（立教大学日本史研究室編『大久保利通関係文書』第三巻、吉川弘文館、一九六八年、三二二頁。引用文は、読みやすさのために読み下し文に改めるなど変更を加えている。以下同）と大久保に書き送っている。しかしこの順序は逆で、すでにこの四藩は「割拠」してそれぞれに「富国強兵」に努めてきたからこそ、合議制の中心として位置づけられていたのである。

その二年後の一八六六（慶応二）年には、同じ鹿児島藩でも家老の地位にあった小松帯刀が福井藩の重臣中根《なかね》雪江《ゆきえ》（靫負、一八〇七〜一八七七年）を訪問し、封建議会制について合意している。元来は幕臣で勝海舟の先輩格であった大久保忠寛《おおくぼただひろ》（一翁《いちおう》、一八一七〜一八八八年）が一八六二（文久二）年に提唱した「公議会論」（封建議会論）は、福井（越前）藩のブレインであった思想家横井小楠《よこいしょうなん》（一八〇九〜一八六九年）を通じて同藩の藩論になっていたのである。

さらに土佐藩においても、封建議会論は重臣後藤象二郎《ごとうしょうじろう》（一八三八〜一八九七年）や脱藩浪士の坂本龍馬の手によって、同藩の藩論になっていた。

さらに明治維新の半年前の一八六七年旧暦六月には、鹿児島藩の大久保、西郷、小松の三名と土佐藩の後藤象二郎、福岡孝弟《ふくおかたかちか》（一八三五〜一九一九年）らが「薩土盟約」を締結した。この藩と藩とのほぼ正式な協定は、藩主議会と藩士議会の二院制創設と、それにもとづく将軍権力の否定を謳《うた》っていた。これは、有力諸藩が単に実力だけで幕府を倒すのではなく、その正統性を封建領主とその家臣による議会制に求めた点できわめて重要である。

その後、戊辰戦争中の一八六八年旧暦三月に、天皇が有名な五箇条の御誓文で「広ク会議ヲ興シ万機公論ニ決スベシ」と宣言したことは、幕府の打倒は薩長両藩の私事でも天皇の独断でもなく、全国の「民意（藩意）」に立脚するものであることを明言したことに他ならなかった。天皇の権威は、幕末の封建議会論によって裏打ちされたのである。

鹿児島、福井、土佐の三藩における封建商社と封建議会の結合は、三藩の藩主もしくは実権者の開明性に負うところが多い（藩主だけではなく実権者が重要なのは、幕府の嫌疑を受けたり、藩内の権力争いの結果、自ら藩主でいられなかったり、そもそもその地位につけなかった者などがいたからである）。鹿児島の島津久光、福井の松平慶永《まつだいらよしなが》（春嶽《しゅんがく》、一八二八～一八九〇年）、土佐の山内豊信《やまのうちとよしげ》（容堂《ようどう》、一八二七～一八七二年）らは、封建商社の設置についても、封建議会への準備においても、強いリーダーシップを発揮していた。明治維新を準備したのは西郷隆盛、大久保利通、木戸孝允、伊藤博文らの下級武士だけではなかったのである。

「富国強兵」の優等生・佐賀藩

ただし、藩主のリーダーシップがあまり強すぎたり、封建商社化にあまり成功しすぎると、他の有力藩の藩主や藩士との横断的結合が軽視されかねない。一藩のみによる単独行動では幕藩体制を壊して中央集権政府を樹立することは不可能であったから、他藩との連携を拒む藩は結局大変革に参加できないことになってしまう。その典型例が佐賀藩であった。

英明な藩主鍋島直正《なべしまなおまさ》（閑叟《かんそう》、一八一四～一八七一年）が指揮する佐賀藩は、幕府や他藩に先駆けて一八五二（嘉永五）年に鉄製大砲の国内製造に成功した。また長崎会所を通じて、特産の陶器や生蠟《きろう》を輸出し蒸気船を購入しただけではなく、欧米諸国が茶を好むというのでの特産物化をはかり、その輸出によってさらに軍艦の購入に努めた。さらには藩の実収米一五万石の二〇パーセントを軍艦や銃砲の輸入代に当てている。その結果、一八五八年、一八六四年、一八六六年、一八六八年に各一隻の軍艦を購入したうえ、さらにアームストロング砲一六門、スペンセル銃一〇〇〇挺を購入している。幕末の佐賀藩は実に「富国強兵」の優等生だったのである（藤野保編『続佐賀藩の総合研究』、吉川弘文館、一九八七年、七〇六〜七三二頁、九三六〜九四〇頁）。

それにもかかわらず、佐賀藩は藩としては、倒幕勢力としても新政府勢力としても変革にまったく貢献できなかった。同藩出身者の副島種臣、江藤新平、大隈重信らの政治活動は、藩主とも藩政府要人ともあまり関係を持たない個人参加であり、維新後彼らが新政府の要職につけたのは、最後まで尊王攘夷を貫いた長州藩の庇護によるものであった。この意味で、「薩長土肥」のうちで「肥」の役割は、他の三藩よりはるかに小さなものだったといえる。

これに対して鹿児島藩は、他藩との協力関係の重要性を認識しており、さらには有力諸藩連合が実力者たちの恣意《しい》ではないことを示す正統性が必要であることをはっきりと感知していた。

鹿児島藩の特徴は、英明な実権者島津久光（前藩主の実弟）の下《もと》における分業体制の確立にあった。明治の元勲として後世に知られる大久保利通は、主として鹿児島にいて久光の補佐をしていた。日本人なら誰でもその名を知っている西郷隆盛は、京都、大坂、江戸に出かけて各藩の有力者や欧米事情に詳しい幕府の開明派役人と親交を深めていた。また明治の政商として悪名の高い五代友厚は、長崎出張所に滞在して鹿児島藩の商社担当者として活躍していた。五代を中心とする「鹿児島藩商社」は「佐賀藩商社」と同規模の蒸気船や大砲・小銃の輸入実績を挙げていたから、大久保による藩内改革と西郷による他藩との交流がある分だけ、鹿児島藩は佐賀藩を凌駕《りょうが》していたのである。雄藩間の能力格差については、第二部で詳細に分析する。

4−2　変革の凍結（一八七一〜七三年）

幕末期の封建議会論の優勢にもかかわらず、明治維新は結果的には、薩長土肥四藩中心の官軍と幕府や東北諸藩との内戦で達成された。しかし、一八六八（慶応四・明治元）年の内戦で薩長土肥四藩が勝利して中央政府を樹立したからといって、その日から明治日本の富国強兵政策がはじまったわけではない。一八七一（明治四）年旧暦七月の廃藩置県までの三年半、明治新政府は公称八〇〇万石の旧幕府の租税を受け継いだだけで、約三〇〇の大中小の大名（合計で公称三二〇〇万石）は旧来通りの租税と軍事力を維持していたのである。

この幕府と藩のシステムを天皇の権威と薩長土三藩の軍事力で廃止したのが廃藩置県であったが、そのような強行突破が約三〇〇の諸藩にどのように受け容れられるかは、新政府が打ち出す統治の正統性と実効性いかんにかかっていた。幕末に封建商社化に努めてきた旧有力藩の実力者たちは、全国を一つにした「大日本商社」による殖産興業の必要性は理解できた。しかし、それは同時に約三〇〇藩の藩主と藩士による合議制によって運営されるはずだった。この約束にどう応《こた》えるのかが、廃藩置県を断行した明治政府の最大の課題だったのである。

新政府の指導者たちは、この課題に直ちに立ち向かう準備はできていなかった。変革前の約束と変革後の方向の連関について、他人を説得する前に、まず自分たちで答えを出す必要があった。右大臣で天皇直属の家臣（公卿）の岩倉具視《いわくらともみ》（一八二五〜一八八三年）、鹿児島と長州両旧藩の最高指導者であった大久保利通と木戸孝允らを正副全権とする総勢四八名の中央政府の長官・次官たちは、廃藩置県のわずか三ヵ月後に、欧米諸国の事情調査のために日本を離れたのである。打ち出すべき開発政策と政治改革の具体的な形を探るために、政府あげての欧米外遊にインスピレーションを求めたのであった。

岩倉使節団（左から木戸孝允、山口尚芳、岩倉具視、伊藤博文、大久保利通）

分権的重商主義の限界

一年半以上にわたる大使節団の欧米視察中にも、もちろん日本政府は存在していた。廃藩置県に際して鹿児島藩と土佐藩の軍団をそれぞれ率いて上京し、近衛兵の中心となった西郷隆盛と板垣退助は、参議として留守政府のトップに据わっていた。木戸孝允と伊藤博文が外遊中の旧長州藩からは、山県有朋《やまがたありとも》（一八三八〜一九二二年）が陸軍の、井上馨《いのうえかおる》（一八三五〜一九一五年）が大蔵省の中枢に位置していた。旧佐賀藩からも、大隈重信が参議に、江藤新平が司法省、大木喬任が文部省のトップとなった。幕末の封建議会論の中心人物であった旧土佐藩の後藤象二郎も、明治新政府の立法を担当する左院（行政府は右院）の副議長の地位にあった。そして彼らは、それぞれの部署で、明治日本の近代化に努めたのである。国民皆兵制と国民皆教育制の樹立、司法制度の近代化、そして中央財政の確立などは、すべてこの留守政府の手によって推進された。

しかし留守政府の指導者たちに欠けていたのは、幕末に有力藩が努めた封建商社による富国強兵の経験であった。旧佐賀藩から留守政府の要職に据わった大隈、江藤、大木の三人は、佐賀藩から追われる形で長州藩の尊王攘夷を助け、その功績を買われての政府入りであった。旧長州藩の山県と井上は、欧米列強に対する攘夷と天皇制の復活をめざす尊王とに藩の全力を尽くしてきたから、薩長土肥四藩のなかでは殖産興業の経験に一番乏しかった。

大蔵省の実権を握った井上馨の場合には、この点での功罪は相半ばした。彼の前任者の由利公正は、旧福井藩での藩札増刷による「殖産興業」の経験があったため、中央政府の財政を担当すると太政官札《だじようかんさつ》という不換紙幣を乱発し中央財政を混乱に陥れた。しかし、そのような経験のない井上は、中央財政の任務は歳出と歳入の均衡にあると考えていた。大蔵次官として全国の租税を一手に握った井上は、「健全財政」を信条として、文部省や司法省の近代化政策に財政面からストップを掛けたのである。

不換紙幣や国債の乱発による財政破綻のリスクを軽減したことは、たしかに留守政府の大蔵省の功績であった。しかし、発展途上国の明治日本は財政の安定だけでは「発展」できなかった。幕末明治期の改革の第一スローガンが「富国強兵」であったことを考えれば、このことは自明であろう。すでに記したように、輸出振興による軍事強国化の達成こそが、幕末の有力諸藩が最重視したものであった。ただし各藩レベルの富国強兵の限界は、自藩や全国の特産物の集約は行えても、割拠した藩システムの下ではそれらの特産物の増産体制を容易に構築できないという点にあった。我々が幕末有力諸藩の富国強兵策を「封建商社化」と呼んだのは、このためである。より一般的な用語を使えば、それは封建制下の分権的な重商主義であったともいえる。

生産増強のない封建商社化によって実現できるのは「強兵」だけであり、「富国」の方は達成できない。ましてや、留守政府が進めた学校制度や司法制度の近代化と中央財政の均衡だけでは、「富国」はもとより「強兵」もおぼつかない。分権体制下での重商主義の限界を打破しようとすれば、中央集権化した政府の下での輸出産業の奨励と、輸入に圧倒されている自国産業の近代化を断行する以外にない。開発経済学でいう「輸出志向型工業化」と「輸入代替型工業化」の同時進行がそれである。

一年余にわたる岩倉使節団の欧米視察旅行の全権副使としての任務を終えて帰国した大

久保利通は、この点を痛感し、一八七三（明治六）年一一月に殖産興業を主務の一つとする内務省を設立し、自ら同省の長官に就任したのである。

4-3　殖産興業と革命の継続（一八七三〜七五年）

幕末期の封建商社と封建議会のセットを岩倉使節団の帰国まで凍結させたもう一つの要因は、薩長土の旧三藩の「革命軍」の存在であった。一八六八年の明治維新は、諸藩の合議制による幕府システムの平和的再編ではなく、幕府軍と有力大名軍の武力衝突によって実現した。そしてその三年半後には、廃藩置県がやはり革命軍の軍事力を背景に断行された。だが、二度にわたる一種のクー・デタだけでは、明治新政府に全国支配者としての正統性を付与できなかったことは、すでに記したとおりである。

一八六八年から七一（明治四）年にかけての政治再編を経たいま、この革命軍をどう処置するかが明治政府の大きな課題となってきた。一八七三（明治六）年の征韓論争、一八七四（明治七）年の台湾出兵、一八七五（明治八）年の江華島《こうかとう》事件とあいつぐ近隣諸国との摩擦は、すべてこの革命軍の処遇にかかわって生じたものである。

他方、岩倉使節団に随行した鹿児島と長州の代表的政治家である大久保と木戸は、最初

木戸孝允

から互いに視察目標を立てていた。

長州の木戸孝允は一八七二（明治五）年初めにワシントンに着いた時から、欧米の憲法事情の視察が自己の目的であることを明言していた。

長州藩は、倒幕への武力的貢献では鹿児島藩と並んだが、幕末政局の主流であった封建商社化や封建議会論においては他藩に見劣りがしていた。同藩の前者の面での劣勢は井上馨による中央財政の掌握で補ってきたが、明治政府の正統性にかかわる後者の劣勢に関しては、封建議会論の延長線上での議会設置ではなく、その議会をも含めた国家統治の基本法としての憲法の制定でのリーダーシップで挽回したい、と木戸は考えたのである。

約一年半の欧米滞在中、木戸は、皇帝政府の権限の強いドイツの憲法を一番熱心に勉強した。そして一八七三（明治六）年七月に帰国すると、議会の開設は後に回して、まず「独裁ノ憲法」を制定すべきことを政府に提案している（稲田正次『明治憲法成立史』上巻、有斐閣、一九六〇年、一九八頁）。

「富国」が「強兵」から自立したように、「公議」が「輿論」から分離したともいえる。ちなみに、江戸時代における「公議」とは、各藩の壁を幕府の法令が越える時に使われたといわれている（K. W. Nakai, *Shogunal Politics : Arai Hakuseki and the Premises of Tokugawa Rule*, Harvard University Press, 1988, pp.129–135）。そうだとすれば、全国統治としての「憲法」の制定をめざす木戸が「公議」を重視し、封建議会論の延長にあった「民撰議院」論者が「輿論」を強調したと言い換えることもできよう。

これに対し、同じ欧米で大久保が工場・機械を特に熱心に観察したことは、これまでの多くの研究が指摘してきたところである。一例として、一八七二年一〇月に彼がロンドンから旧友で留守政府を預かる西郷隆盛に送った手紙の一節を引用しておこう（〔　〕は引用者による）。

「回覧〔巡覧〕中は段々珍しき見物いたし候。首府ごとに製作場ならざるはなく、そのうち、なかでも盛大なるは「リバプール」造船所、「マンチェスター」木綿器械場、「グラスゴー」製鉄所、「グリノック」白糖器械、「エヂンボロ」紙漉《かみすき》器械所、「ニューカッスル」製鉄所（是《これ》は「アームストロング」氏の建てる所、アームストロング小銃大砲発明の人にして今に存在、同人の案内を以て見るを得）、「ブラットフォート」絹織器械所、毛織

大久保利通

物器械所、「セッフヒールト」製鉄所（是は重《お》もに汽車輪其外一切の道具を製出す）、銀器製作所、「バーミンハム」麦酒製作所（是の製作所の続き十二里に達すと云う）、玻瓈《はり》［ガラス］製作所、「チェスター」の内、イースウィキ塩山等は分《わけ》て巨大にして器械精工を極めたり。これに次ぐに大小の器械場、枚挙するに遑《いとま》あらず。英国の富強をなす所以《ゆえん》を知るに足るなり」（勝田孫弥『大久保利通伝』下巻、同文館、一九一一年、四八～四九頁）

わずか四ヵ月（一八七二年七～一一月）のイギリス滞在でこれだけの工場を見て回ったのである。大久保の工業化への意気込みを知ることができよう。またこの手紙が西郷宛のものであることも重要である。

西郷隆盛という名前で日本人が連想するのは、一八六八年の内戦（戊辰戦争）での英雄であり、その際の江戸無血開城のための幕府代表勝海舟との会談であり、一八七三年の征韓論であり、一八七七（明治一〇）年の反乱（西南戦争）である。だが西郷は単に軍事リーダーであるだけではなかった。すでに見たように、一八六四（元治元）年の西郷と勝の最初の会談では、西郷は勝の封建議会論に強く共感していたし、同時に鹿児島藩の封建商社化による富国強兵にも、全面的な支持を表明していた。だからこそ、大久保は自分の工場視察とその感動もしくは衝撃を、詳しく西郷に報じたのである。

幕末期に鹿児島藩の商社化による富国強兵と、他藩と協力しながらの封建議会の設立の双方のために奔走してきた西郷は、大久保と木戸が欧米視察でそれぞれ学んできた工業化論と憲法論を、十分に理解できたはずである。

留守政府を西郷とともに預かっていた土佐藩出身の板垣退助も同様であった。幕末土佐藩の封建議会論は同僚の後藤象二郎が担当し、板垣自身は土佐藩兵の指揮に当たってきたのだが、これはいわば藩内の分業体制の下で軍事を担当してきただけのことであり、横井小楠の「富国強兵論」と「封建議会論」を前提としていた点では、板垣も西郷も同じであった。事実、留守政府の参議時代に板垣は、同僚の西郷に議会開設を説いている（稲田前掲書、一一一頁）。

こうして、約一年半の欧米視察による情報摂取を終え、工業化の緊要性を痛感した大久保が一八七三（明治六）年五月に、憲法制定が最優先課題だと認識した木戸が同年七月に帰国したとき、留守政府も含めた明治政府は、幕末の封建商社と封建議会のセットを一段階発展させた課題に取り組む機会にめぐまれたのである。すなわち、割拠的な封建商社ではなく、中央集権政府の内務省と大蔵省が国を挙げての「殖産興業」に取り組み、権限に具体性を欠く封建議会論に代わって、中央集権政府が憲法を起草して政府と議会の権限を明確化するという道である。一八七三年後半の日本は、開発政策と政治改革の双方の格上げと制度化を実現する可能性を示していたのである。

台湾出兵問題

しかし現実は、当時の日本の指導者の誰もが予想しなかった方向に日本の政治を向かわせた。一八七三（明治六）年一〇月の「征韓論」をめぐる西郷と板垣の参議辞任がそれである。

のちに一八七七（明治一〇）年に西郷隆盛が私製の軍隊を率いて反乱を起こした時、政府側の木戸孝允は、「兵隊の驕慢《きょうまん》はあたかも病後の薬毒の如し」と伊藤博文に書き送った（伊藤博文関係文書研究会編『伊藤博文関係文書』第四巻、塙書房、一九七六年、三〇一頁）。

薩長土三藩の軍隊は、一八六八（慶応四・明治元）年の幕府との内戦、一八七一（明治四）年の廃藩置県に際しての天皇への献兵と二度にわたって明治新政府を支え、幕府と封建大名制という「病」を癒すのに非常な効き目があったが、病気が治った後に大きな薬害を残し、新政府の最大の障害となったという意味である。革命が終わり建設の段階に入った時に、「革命軍」の処遇が大問題となってきたのである。

革命軍は戦争なしには自己の存在意義を確認できない。日本国内で革命が終了した一八七一年の廃藩置県以後、彼らの眼は東アジアに向かっていった。彼らは、幕末のかなり早い段階で欧米列強に対する「攘夷」を革命目的から除外していた。しかし、欧米をモデルに富国強兵に努めてきた成果を「アジア雄飛」で試してみることは、明治維新の目的からの逸脱とはいえないというのが彼らの論理であった。大久保や木戸が帰国した一八七三年五月から七月にかけて、いまや天皇警護の近衛兵となっていたかつての革命軍の間で、台湾人の沖縄島民への略奪、朝鮮政府の日本政府に対する非礼、ロシア兵のサハリンでの暴行などを放置していては、明治維新の鼎《かなえ》の軽重《けいちょう》が問われるという声が強くなってきた。

留守政府を預かる西郷隆盛はこの近衛兵の最高司令官でもあった。彼のもとには、有力な部下からの不満の声がつぎつぎと寄せられていた。一八七三年八月に太政大臣三条実美《さんじょうさねとみ》（一八三七〜一八九一年）に送った西郷の手紙には、次のような一節がある。

「台湾の一条も速《すみやか》にご処分相定めたき事柄と存じ奉り候。世上にても紛紜《ふんうん》の議論これあり、私にも数人の論を受け候次第にご座候処《ところ》、畢竟《ひっきょう》名分条理を正し候義討幕の根元、御一新の基に候処、只今に至り右等の筋を相正されず候では、全く物好《ものずき》の討幕に相当たり申すべきなどとの説を以《もっ》て責めかかり参り候者もこれあり、閉口の外他《ほかた》なき仕合《しあわせ》にご座候」（板垣退助監修『自由党史』上巻、岩波文庫、一九五七年、六五頁）

内戦終了後に革命軍が東アジア諸国との一戦を求めたなかでは、この引用文中にある「台湾の一条」が最大の事件であった。欧米から大久保が持ち帰った殖産興業路線や木戸が決意を固めて帰ってきた憲法制定構想の大きな障害になったのは、歴史教科書で大きくとりあげられている一八七三年の征韓論分裂ではなく、翌七四年の台湾出兵の方であった。前者は明治政府内部での権力争いのレベルにとどまった事件であったが、後者は陸海軍の出動と財政負担をともなう実際の軍事行動であった。

軍艦五隻と正規兵三六〇〇人（他に鹿児島の西郷配下の義勇兵も参加）が半年余にわたって台湾の一部を占領しつづけたのは、当時の明治政府にとっては大変な財政負担であった。大久保があれほど熱心に視察してきた欧米の機械制工業を日本に移植しようにも、その財源は台湾出兵に食われてしまったのである。しかも台湾は中国の一部であるから、この出兵は日中間の軍事衝突のリスクさえはらんでおり、もしそれが現実となれば明治国家にとっては大問題で、「殖産興業」どころではなくなる。

一年後にこのときのことをふりかえった大蔵省租税局長松方正義《まつかたまさよし》（一八三五〜一九二四年）は、「去年台湾の挙あり、清国その間に葛藤を生じ、征師の軍費巨万の現貨〔紙幣ではなく金貨・銀貨の意〕を費し、もし和議ならざればすでに国債を募るの内議ありしため、国庫まさに虚しからんとす」と記している（『松方家文書』第五六冊、第一二号）。

ここにいたって、英語にもなっているFukoku Kyoheiのスローガンは矛盾に満ちたものとなる。幕末の分権的な封建商社モデルから脱却し、中央政府予算を投下して日本に機械制工業を本気で移植しようとすれば、「富国」と「強兵」は財政的に両立しなくなる。陸海軍が局地戦争や戦争準備に予算を使えば、官営の紡績工場を設立する予算がなくなるからである。

「中外輸出入の統計」というバロメーター

明治日本の朝鮮侵略の第一歩として悪名高い一八七五（明治八）年の江華島事件は、内務省を中心に官営の近代的工場の建設をめざす大久保らにとっては、革命軍の戦争熱を冷ますガス抜きという意味で、この矛盾を（少なくとも当面は）解消する好機となった。朝鮮側を挑発して日本軍艦を砲撃させ、それを口実に軍事的圧力をかけて通商条約を結ばせたこの事件は、一八五三（嘉永六）年のアメリカ軍艦の開国要求の真似をした事件としてよく知られている。しかし、それは日本国内においては、革命軍の対外戦争論に終止符を打たせるという意味を持っていたのである。

一八七六（明治九）年三月に日朝修好条規が批准された翌四月、大久保内務卿は「国本培養に関する建議書」を太政大臣に提出し、内務省の殖産興業予算の特別扱いを要求した。この建議書で注目すべきは、次の三点である。

第一に、大久保は一国の実力を測るバロメーターは、法制度や軍備や教育ではなく、「中外輸出入の統計」である、と言いきっている（日本史籍協会編『大久保利通文書』第七巻、東京大学出版会、一九六九年、七六頁）。

第二に、通常ならば輸出を振興しあるいは輸入品の国産化を図るのは民間企業の仕事であるが、近代化の緒についたばかりの日本では、当面政府の手による産業振興が不可欠であると論ずる。重要な点なので、大久保自身の言葉で語らせよう。

「維新以来積衰の後を承《う》け改革のときに際し、民智いまだ開けず、民業いまだ進まず、故に物力いまだ殷盛《いんせい》にいたらずして、貿易の権衡《けんこう》年にその平均を失し、利源いまだ開通を得ずして生産の計量月に減耗を致す（中略）。これを斡旋挽回し救済の方法を施さんとするか、宜《よろ》しく民業を開誘し貿易を奨導するの事務において深く理財の根基を養い、広く販売の利益を通ずる活機妙用に及ばざるを得ず。もしこれを政府の務にあらずとし、措《お》いて人民の長進にまかせ、荏苒《じんぜん》数歳を経過せば、その衰状の底止するところ、あに窮極あるべけんや。これ国勢急中の最も急なるものにして、政理の正則にあらずといえども、また時勢の変法において欠くべからざるの要務と云わざるを得ず」（日本史籍協会編前掲書、七九〜八〇頁）

第三に、このように輸出入統計を見つめながら、政府自身の手による殖産興業に力を入れる大久保にとっては、東アジアの緊張緩和が大前提だった点である。言い換えれば、大久保にとっては「富国」が「強兵」に優先する課題だったのであり、幕末に藩レベルで追求された強兵目的の富国論とは正反対の立場——富国のための強兵抑制——を大久保は主張しはじめたのである。

4−4　崩壊を救った封建議会（一八七五年）

かくして、明治初年の日本では、政府内部が富国派と強兵派に鮮明に分かれることとなった。もし幕末以来の変革目標が富国強兵のみであったとしたら、この分裂した二派の正面衝突は維新変革を挫折させ、国内の混乱を拡大させ、明治日本を東アジアの二流国にしてしまったかもしれない。少なくとも、のちの一八九四（明治二七）～一八九五年の第一次日中戦争（日清戦争）で日本が中国に勝利することはありえなかったにちがいない。

幸いなことに、幕末変革期の有力諸藩の共通目標は、もう一つあった。封建議会の設立による挙国一致がそれである。一八七三（明治六）年から七七（明治一〇）年にかけての富国派と強兵派の正面衝突に際して、旧長州藩と旧土佐藩が、立憲制への移行を条件に、富国派の支持に回った。封建議会派の復活である。これにより、前二者の際限ない対立にかわって、政策連携の新局面が現出することになる。

ここで浮上してきた政府内勢力の観点からの問題は、岩倉使節団に加わらなかった旧鹿児島藩の西郷隆盛と旧土佐藩の板垣退助が、富国派につくか、強兵派につくか、憲法派につくかにあった。もし旧土佐藩が旧長州藩の憲法論に同調し、しかもそのうえで、憲法派と富国派の間に妥協点が見出せれば、強兵派を孤立させることができる。明治国家はその約四分の一の勢力にあたる強兵派を抑え込んでも、残りの四分の三で近代化を推進していけるのである。

一八七三年一〇月に、いわゆる征韓論（西郷隆盛を全権使節として朝鮮に派遣する決定）が帰国した使節団によって覆された時、西郷、板垣、後藤象二郎、副島種臣、江藤新平の五人は参議を辞任した。それから三ヵ月もたたない一八七四年一月、西郷をのぞく他の四人の前参議は、連署して政府に「民撰議院設立建白書」を提出した。これまでの日本近代史研究では、辞任参議たちが主導した朝鮮への出兵をもたらしかねない西郷使節団の朝鮮派遣と、民撰議院の設立要求とは、まったく矛盾する主張であるとされてきた。しかし、板垣自身は、旧革命軍の指導者として西郷の征韓論に左袒《さたん》し、旧土佐藩の指導者として後藤の議会開設論を支持することに、何の矛盾も感じていなかったにちがいない。

板垣退助

しかし、英国帰りの二人の青年（後述の小室信夫《こむろしのぶ》と古沢滋《ふるさわしげる》）が起草し、直前まで政府の要人であった四人の政治家が署名した民撰議院設立建白書の反響は、建白書提出者らの期待をはるかに超えるものであった。建白書が有名になるにしたがい、かつての革命軍の指導者としての板垣の名声は消えてゆき、その地位は西郷一人に独占されるにいたったのである。

そのような時に、すでに記したように旧長州藩の最高指導者木戸孝允は、憲法制定論の中心人物となっていた。木戸を中心とする憲法制定論と板垣を代表とする旧土佐藩の議会設立論とは、台湾出兵に端を発した日中関係の緊迫化が解消された直後に、急接近した。旧鹿児島藩を中心とする革命軍の暴発を封じ込めるために、日本全国の（といっても旧藩主と旧藩士どまりであったが）世論を「立憲制」という形で組織しようとしたのである。

木戸派と板垣派の間には、専制政府に都合のよい憲法をまず制定するか、それより先にまず民撰議院を設立するかの優先順位の相違があった。だが大久保らの富国派と軍部や旧革命軍などの外征派とが協力関係を保ちつづければ、憲法派と議会派が内輪揉《も》めをしているわけにはいかなかった。しかも、すでに記したように、富国派の大久保らは一刻も早く東アジアの紛争状態に終止符を打ち、内務省を中心とする「殖産興業」に専念したいと考えていた。この状況は、立憲制への移行を重視するグループにとっては勢力伸張の絶好の機会であった。

三者の思惑――大阪会議

憲法派の木戸と議会派の板垣が富国派の大久保と会談し、漸進的な立憲制移行に同意させたのが、日本近代史では意外と有名な、一八七五（明治八）年二月の大阪会議である。

あえて「意外と有名な」と記したのは、三者それぞれの思惑の違いに言及することもないままに、日本のどの高校教科書にもどの年表にも、この三者会談の名前だけは明記されているからである。だが、我々が提起している政治的柔構造の観点からすれば、この事件は明治初期に見られた数多くの政策連携組み換えの一シーンに過ぎない。

憲法派と議会派が急接近したのは、大久保利通が全権として、台湾出兵に関する日中交渉を平和裏にまとめあげて北京から帰国したときからである。憲法派のなかで木戸につぐ影響力を持っていた井上馨は、交渉をまとめて意気揚々と帰国した大久保全権を横浜港に出迎えてその労に感謝し、その翌日に横浜から大阪に向かう船に搭乗した。井上によればこの船中で「偶然に」同じく大阪に向かう議会派の小室信夫（一八三九〜一八九八年）と古沢滋（一八四七〜一九一一年）に会い、三人で木戸と板垣の会見について意見の一致を見たという。

この船中会談で彼らが一致したのは次の諸点である。第一は、東アジア紛争の再発防止である。井上によれば、「後来《こうらい》また朝鮮またはその他戦を好み候ようの事これなき」ようにすることが、彼の第一目的であった（井上馨侯伝記編纂会『世外井上公伝』第二巻、内外書籍、一九三三年、六一三頁）。第二は、旧鹿児島藩グループから殖産興業派の大久保を切り離し、自派に取り込むことであった。第三は、この二点の大前提としての憲法派と議会派の正式な連合の樹立であった。

憲法派と議会派は、一八七五年一月に正式会談を行った。憲法派からは木戸と井上、議会派からは板垣、小室、古沢が出席した。木戸は当日（一月二二日）の日記に次のように記している。「十一時井上に至り、一時過より共に板垣退助を訪《おとな》う。小室、古沢も同居。同氏ら民選議院論につき余らの考案も陳述し、三氏の意見なども承知し、帰途八時頃井上に至りその余談を尽し、十一時帰寓」（日本史籍協会編『木戸孝允日記』第三巻、東京大学出版会、一九六七年、一四四頁）。

こうして議会派との連合が成ると、憲法派の木戸は、同年二月九日に、政府の中枢にあった大久保と同じく大阪で会見し、先の会合での両派の一致点を大久保に伝え、翌々二月一一日には今度は板垣を加えた三者会談が木戸の主催で開かれた。すなわち、殖産興業派と憲法派と議会派の連合の成立である。

三つの基本路線は相互にかなり異なるものがあったが、あえてそれを一つに括《くく》るために、日本近代史ではこれを「内治優先」派の成立と呼んできた。本書の視点から言えば、「強兵」派に対抗するための「富国」派と「憲法」派と「議会」派の「連合」の成立である。

4-5　殖産興業路線の勝利と挫折（一八七六～八〇年）

一八七五（明治八）年二月に成立したこの三派の連合は、短期的には憲法派と議会派の勝利であった。特に議会派は年内にも議会が開設されるのではないかと、期待に胸を膨らませた。一八六八年の王政復古を始点として日本近代史を研究してきた者は、それからわずか八年で日本が議会制度に移行できるわけはないと、議会派の期待を一笑に付すかもしれない。しかし、すでに記してきたように、封建制を前提にした議会論は、明治維新の推進者たちの間では幕末以来の共通了解であった。

封建制を前提にした議会論は非民主的であるといわれるかもしれないが、当時の武士の数と、その二十数年後に選挙権を得た特権的農民の数とは、約四五万人とほぼ同じである。武士議会よりは地主議会の方がより民主的かもしれないが、両者の相違はそれほど大きなものではなかったのである。

一八七五年四月に天皇が詔勅によって、「漸次に国家立憲の政体を立」てると公約し、憲法派の木戸と議会派の板垣がともに政府に復帰した時、立憲制の導入は夢の世界での話ではなくなったのである。

しかし、いざ立憲制の実現に着手してみると、憲法派と議会派の相違は事前の想定よりも大きいことがわかってきた。一年余の欧米滞在中に、木戸が皇帝権限の強いドイツの立憲君主制に強く惹かれたことは、すでに記した。言い換えれば、木戸は法と秩序の確立のために憲法を制定しようとしていたのである。これと反対に、板垣に議会の必要性を説いたイギリス帰りの小室と古沢は、天皇制は前提にしつつも、一種の議会主権的な考えを抱いていた。憲法論が法と秩序を重視するのに対し、議会論はその変革をめざすものだったのである。

上述の天皇の詔勅が出てから半年もたたないうちに、両者の間の亀裂は修復不能になっていた。議会派が詔勅のいう「漸次」を特定し、早く議会を開けと憲法派に迫り、一方、憲法派の木戸は議会派の板垣よりも殖産興業派の大久保の方に近づいたのである。木戸は一一月初めには、「大阪の云々、実に軽燥《けいそう》に決し、（中略）大に後悔仕り候」と記し（井上馨侯伝記編纂会編前掲書、六八九頁）、同じ頃「大久保は著実《ちゃくじつ》にて、薩人［鹿児島人］にして薩論は少き方なり」とも記している（同前書、六六五頁）。憲法派と議会派の提携が決裂し、憲法派と殖産興業派の提携が強まったのである。先に4－3節で言及した、一八七六（明治九）年四月の大久保内務卿の殖産興業建議（「国本培養に関する建議書」）は、いまや憲法派を味方につけた大久保の勝利宣言だったのである。

この時から四年間、間に西南戦争と呼ばれる西郷隆盛の反乱と大久保内務卿自身の暗殺を挟みながらも、大久保がめざした政府の手による殖産興業は、かなりの規模で進められていった。一八七六年から八〇年までの明治政府を支えたのは、一種の殖産興業ブームであった。その象徴的な出来事は、一八七五年末の分裂で、議会派だけではなく憲法派も政府内での力を失っていった。その象徴的な出来事は、この両派の仲介役で木戸孝允の片腕であった井上馨が、一八七六年六月にアメリカ経由で長期のイギリス視察に出かけてしまったことである。

殖産興業派の全盛をもたらしたもう一つの原因は、一八七七（明治一〇）年の西南戦争での西郷軍の鎮圧である。一八六八年の明治維新と七一年の廃藩置県を、ともに鹿児島軍団を率いて支えた西郷の反乱であっただけに、その鎮圧は政府にとっても大仕事であった。しかし、先に引用した木戸孝允の言葉を使えば、この反乱の鎮圧で「病後の薬毒」であった「兵隊の驕慢」から、政府はようやく自由になれたのである。

一八七六年の日朝修好条規を境に、東アジアの緊張はいったん解消した。翌七七年の西南戦争の勝利で、国内での反乱の怖れはもはやなくなった。内外ともに軍事的緊張がなくなった時、富国強兵のスローガンが意味するものは、富国だけになったのである。このことは、西南戦争終了後、翌七八年の予算要求において陸軍省が示した富国派への譲歩に端的に現れている。そこには次のような一節がある。

「そもそも内務、工部二省等において農工商業を勧め、または電信鉄道等を起すが如きの事業は、創立の際一時許多《あまた》の費額を要するも、必ず数年の後《の》ちを期して償却するの道あるのみならず、官民の間に就き得るところの利益、また果して僅少ならざるべし。独り陸軍の費用に至っては全くこれに反し、あたかも水火の中に投ずると一般にして、たとえ幾多の年月を経過するも、ついに糸毫《しごう》の償却を得るの理あることなし。故に、ひとえに計算上のみをもってこれを論ぜば、いわゆる無用の長物に属し、あるいは軍隊解散の議に渉《わた》らんとする者あり」（早稲田大学社会科学研究所編『大隈文書』第三巻、早稲田大学社会科学研究所、一九六〇年、三三六頁）

もちろん、陸軍省自らが「軍隊解散」を主張したり、陸軍を「無用の長物」と考えていたわけではない。この引用箇所は世間一般、政府一般の間での風潮を記したまでであり、その本音は、そうはいっても東アジアの緊張がまったくなくなったわけではないし、国民の間の不平分子が完全に一掃されたわけでもないのだから、陸軍予算を減らさないでくれと主張することにあった。しかしながら、ここまで守勢に立たされた陸軍省の予算申請書は、西南戦争終了の時点での殖産興業論の圧倒的優勢を示す証拠といえるであろう。

不安定な殖産興業体制

しかし、これまで本書が主張してきた連合の論理からいえば、憲法派と議会派につづいて旧革命軍も勢力を失った政権が長続きするはずはない。抑圧された三派は、必ず勢力挽回のための画策をはじめるからである。大久保利通を中心に、大蔵省の大隈重信、北海道開拓使の黒田清隆《くろだきよたか》（一八四〇～一九〇〇年）のトリオで推進された殖産興業政権は、きわめて短命だったのである。

その理由として、第一に、憲法派の井上馨はロンドン滞在中に、明治期最高の知識人だった福沢諭吉の門下生らと交流を深めていた。当時、今日の大学に相当するものは東京帝国大学の他には福沢の慶応義塾しかなかったから、井上はこの交流で当時の新進のプロフェッショナルたち（官吏、実業家、教育者、ジャーナリスト）の間に支持者を増やすことができた。

第二に、一八七五（明治八）年末の政権離脱以後勢力を縮小していた議会派も、一八七九（明治一二）年に入るとその結社愛国社の全国組織化に乗り出していた。同年一一月に開かれた同社の第三回大会には高知などの旧武士だけではなく、東北や北陸の農村地主の代表も出席した。「封建議会」から「自由民権運動」への転換がはじまっていたのである。

旧革命軍だけは西南戦争で致命的な打撃を受けたが、他の二派は勢力回復の機を窺《うかが》っていたのである。

第三に、一八七八（明治一一）年五月に、殖産興業派の中心人物であった大久保利通が、金沢の不平士族によって暗殺されてしまった。歴史の原動力として、政策の内容と指導者の質のどちらが重要かは一般的には断言できないが、変革の時代には、指導者の名声と人望がきわめて重要であることはまちがいない。一八七二（明治五）年から翌年にかけてイギリスで工場視察に駆け回り、帰国後内務省を設立して輸出産業と輸入代替産業の近代化に努めてきた大久保の死は、殖産興業体制の前途を左右しかねない重大な意味を持っていたのである。

第四に、殖産興業体制は、政府が産業の近代化をトップダウンで国民に押しつける政治体制であった。大久保の右腕としてこの路線を支えてきた関西実業家の五代友厚は、この点を明確に意識していた。すなわち、「我国の如き野蛮は、専政を以て押付け、どこまでも開歩に引導候ほかこれなし」と（日本経営史研究所編『五代友厚伝記資料』第一巻、東洋経済新報社、一九七一年、三〇五頁）。「柔構造」的視点から見れば、殖産興業体制は、他の路線との連合を欠いたうえに、その存在理由を殖産興業諸政策の成功のみに求める、きわめて不安定な体制だったのである。

殖産興業政策の継続が不可能なことは、大久保の死から二年後には誰の眼にも明らかになってきた。一八七七(明治一〇)年の西南戦争に際して、当時の一年分の政府歳出とほぼ同額の不換紙幣を発行したことが、マクロ経済的な制約から殖産興業政策の遂行を困難にしたからである。それが引き起こしたインフレは二重に政府を苦しめた。

まず、地租の名目額固定による歳入減である。一八七三(明治六)~八〇(明治一三)年にかけて順次に行われた封建年貢の金納地租への転換に際して、大蔵省は凶作時の減収を恐れて、それを金納固定税にした。このため、物価急騰のもとでも農村地主はインフレ以前と同額の租税を納めればよく、たとえば一八八〇年に米価が西南戦争以前の二倍になったときでも、租税額は以前と同じであった。ゆえに政府の地租歳入は実質で半減し(当時の直接税は地租だけで、それは政府歳入の八割弱をカバーしていた)、反対に農村地主は一挙に富裕化した。

この実質歳入減に加えて、インフレの副作用としての為替減価が発生し(一八七四年と八〇年の間に円は対ポンドで約二五パーセント下落した)、外貨に換算した歳入も同じく減少した。これにより、欧米の機械輸入を通じた殖産興業の継続は一層困難になってきた。このような状況の下で、あくまで機械の輸入をつづければ、政府保有の外貨は毎年減少する。明治政府は深刻な外貨危機に直面していたのである。

このことは、大久保亡き後の殖産興業派の中心人物であった参議兼開拓長官の黒田清隆も認めていた。すなわち、「現今大蔵省の金庫に現存する金銀貨及び地金などは合計およそ八〇〇〇万円」〔当時の年間歳出は約四〇〇〇万円〕で、このまま推移すれば、「わずかに一年を維持するに足るのみ」と(『三条実美文書』所収、一八八〇年八月の黒田清隆意見書)。

4-6 憲法派と軍部の復権(一八八〇〜八一年)

この財政危機と外貨危機による殖産興業体制の挫折を救ったのは、憲法派の復帰による政権基盤の拡大であった。

一八七六(明治九)年九月以来ロンドンに滞在していた旧長州藩の井上馨は、立憲制への移行という従来の考え方をさらに強めていた。一八七八(明治一一)年二月に国許《くにもと》の盟友に送った手紙のなかで井上は、「中央政府当時の儘《まま》永続するは良策にあらず。何分かを地方へ分附し、地方官はまた人民に従てこれを与えざる時は、人民実に愛国の情は日々薄く相なり、国力却《かえ》って退歩すべきよう相考え申候」と記している(井上馨侯伝記編纂会編前掲書、七五九頁)。専制的政府の下では国民の愛国心が育たないというのである。

その井上は、一八七八年五月に大久保利通が暗殺されると直ちに旅装を整え、その二ヵ月後には日本に着いている。当時の交通機関と井上の公的身分を考えれば、これより早い帰国はありえなかったろう。

大久保亡き後の殖産興業派は、井上の帰国に際し彼が「いよいよ人民の論を主張いたし帰朝」するものと、警戒心を強めていた（日本経営史研究所編前掲書、三〇五頁）。しかし、彼らにはもはや帰国した井上を排斥する力はなく、井上は帰国直後に参議兼工部卿として政権に復帰した。こうして、議会派と切れた憲法派が殖産興業派とともに政権を担う新しい連合が成立した。

ただし、憲法派自身のなかにも保守派と自由派の相違が存在した。一八八〇（明治一三）年五月に殖産興業派が最後の頼みとした五〇〇〇万円の外債募集が政府部内で否決され、彼らの発言力が弱体化した時、連合内部での主導権争いは、憲法派内部での保守派と自由派の間で闘われることになった。殖産興業派は専制的な政治運営を好んだから、経済情勢によって政府主導の工業化を断念させられると、彼らは保守的な憲法論者として政府内にとどまった。唯一の例外

井上馨

は大隈重信であるが、これについては後に触れる。

政府内での保守的憲法論者を有利にしたもう一つの要因は、軍部の政治的復活であった。殖産興業派が劣勢に立たされた一八八〇年に、軍部は「富国」が「強兵」に優越するこれまでの順序を逆転しようと努めだした。参謀総長（当時の名称は参謀本部長）の山県有朋は、同年一一月末に天皇に提出した「隣邦兵備略」（中国の軍事力分析）のなかで、次のように主張している。

山県有朋

「富国と強兵とは、古今互いに本末を相成す。これ形勢の自然にして、欧洲各国の兵備に汲々《きゅうきゅう》たる、また恠《あや》しむに足らざるなり。今もし、特に富厚は本《もと》なり強兵は末《すえ》なりと言わば、民心日に私利に趨《はし》り、公利の在るところを知らず、（中略）利口以て俗をなし、虚飾以て習をなさん」（大山梓編『山縣有朋意見書』、原書房、一九六六年、九三頁）

この意見書のなかで、山県は隣国中国の近年における陸海軍の充実ぶりを具体的に示し、そのうえで「それ隣邦兵備の強き、一は以て喜ぶべく、一は以て懼《おそ》るべし」（大山編前掲書、九七頁）という注目すべき視点を提出している。政府が一八七七（明治一〇）年の旧革命軍の鎮圧に安心して殖産興業のみに専念している間に、隣国中国は軍事大国になりつつあると警鐘を鳴らしているのである。

このことから明らかなように、一八八〇年には、殖産興業派の対抗勢力には、憲法派だけではなく強兵派も加わったのである。

強兵派の再台頭はまた、保守的憲法論者にとっての強い味方の登場を意味した。山県はこの上奏の一年前の一八七九（明治一二）年一二月に憲法と議会に関する建議書を政府に提出しているが、その要旨は、一八七八（明治一一）年に設置された地方議会の議員のなかから政府が二、三名を選んで、議決権のない特撰議会の議員に任命し、そこで十分に年月をかけて憲法を審議させたうえで、改めて民会（衆議院）に転換させるというものであった（前掲板垣退助監修『自由党史』上巻、三二二頁）。これは、議会の設立はもちろん、憲法の内容や制定時期についても何も述べないもので、「漸次に国家立憲の政体を立」てると約束した四年前の天皇の詔勅を一歩も出るものではなかったのである。

他方、政府内の自由主義的憲法論者にも民間からの追い風が吹いていた。かつての議会派は、インフレによって富裕化した農村地主の支持を獲得して、国会開設を要求する運動を全国化していたのである。この全国的運動の指導部は幕末の封建議会論以来の旧土佐藩士たちであったが、一八八〇年三月に大阪で開かれた国会期成同盟の大会には、全国の約半数におよぶ府県から、士族結社に加えて農村地主の結社代表も馳せ参じ、天皇に国会開設を要望する統一請願書に署名したのである。農村地主の突然の政治参加をもたらした原因は、第一に、西南戦争インフレによる農産物価格の急騰が彼らの交通費と滞在費と書籍費を支えたこと、第二に、唯一の納税者であった彼らがその租税の使い道に関心をもつようになったからであった。

一八七〇年代の議会派が明治政府の有力な一構成要素だったのと異なり、この全国化した国会開設運動は在野の運動であった。もし政府内部の憲法派がこの運動を味方につけられれば、かつての政府内の二派（憲法派と議会派）の連合以上に強力な連合ができあがる。政府内部でこの路線を仕掛けたのは、イギリス帰りの井上馨であった。彼は政府内部の盟友で旧長州藩の伊藤博文と、殖産興業派の中心人物大隈重信に働きかけ、さらにはロンドン以来の縁を使って、民間知識人の宝庫であった福沢諭吉らの交詢社《こうじゅんしゃ》との接触を図った。一八八〇年末から八一年初めにかけて、井上は福沢と二度にわたって会談し、政府は国会を開設する決意であるから、それを援護する新聞を作ってほしいと依頼した。

「策士策に溺れる」行為

「富国」派と「憲法」派の連合による立憲制への移行が先述の民間の国民運動を味方につけられれば、これまでもたびたび明治政府の苦難を救った「四分の三」連合が成立したかもしれない。しかし、殖産興業派の中心人物だった大隈重信の行動が、この「四分の三」連合を分裂させてしまった。

大隈重信

すでに記したように、殖産興業派は政府の専制的運営を好んだ。官営工場をいくつ、いつ、どこに作るかについていちいち国会などに諮っていては、工業化は進まないからである。その殖産興業派の代表的政治家だった大隈重信が井上馨らの立憲制移行論を支持したのは、ひとえに財政危機と外貨危機でその路線が行き詰まったためであった。少なくとも、井上馨らの立憲派はそう考えていた。それゆえに当然のこととして、憲法制定や国会開設の主導権を握るのは、憲法派と議会派の仲介役を一貫してつとめてきた井上馨である、と彼らは考えていたのである。先に記した福沢との二度の会談でも、井上は伊藤博文や大隈重信の代表として国会開設の決意を福沢に伝えている。

しかるに大隈重信が一転して、政府内部でのもっとも急進的な立憲論者に変身した。大久保利通や黒田清隆らの殖産興業派には、旧鹿児島藩出身という強力な背景があった。政府内での一貫した憲法派であった井上馨にも、幕末以来の旧長州藩での活動家としての経歴があった。しかし、旧佐賀藩出身とはいっても、大隈には藩単位での実績は皆無であった。彼は明治初年には旧長州グループの健全財政主義の代弁者として名をなし、一八七三(明治六)年に大久保が殖産興業を打ち出すと、旧長州グループから旧鹿児島グループへ、すなわち健全財政主義から積極財政主義へと鞍替えした。

大隈の特異性は、いわば根無し草的政治家でありながら、健全財政主義者時代においても積極財政主義者時代においても、その筆頭者とは言わないまでも、ナンバー・ツー的存在でありつづけた点にあった。今回の立憲制移行に関しても、大隈はその中心人物になろうとしたのである。

彼は福沢門下生で政府の中堅官僚となっていた者たちを集めて、憲法と議会に関する青写真を作り、井上馨や伊藤博文の鼻を明かそうとした。一八八一（明治一四）年三月に大隈が左大臣（三大臣制の下での立法担当者）に提出した憲法意見書は、福沢の高弟矢野文雄《やのふみお》（龍渓《りゅうけい》、一八五〇〜一九三一年）が起草したものだった。それに呼応するように、同年四月には慶応義塾卒業の財界人、官吏、弁護士、ジャーナリストよりなる福沢系の政治的な社交クラブである交詢社の名で、大隈意見書に対応した「私擬憲法案」が『交詢雑誌』に掲載された。

用意周到に準備された三月の意見書と四月の憲法私案の公表は、事後的に見れば、大隈と福沢系グループによる「策士策に溺れる」的な行為だった。三月の大隈意見書は、イギリス流の議院内閣制を定めた憲法を年内に制定し、同じく一八八一年中に総選挙を行い、八二年に国会を開くという、信じられないほど急進的なものであった。では年内にどのような憲法を制定するのかと問われれば、四月の交詢社の私擬憲法案がそれであった。太政官権大書記官（今の内閣官房副長官）の矢野文雄がこのどちらの起草にもかかわっていたから、三月の大隈意見書と四月の交詢社憲法案は見事なまでの整合性を見せていたのである。

政府の手による上からの憲法制定と国会開設をめざしていた井上馨や伊藤博文には、ここまでの準備はできていなかったから、このまま大隈の案が通れば彼の驥尾《きび》に付すことになる。井上や伊藤は、むしろ政府内の保守派と協力して大隈を孤立させる途《みち》を選んだ。

こうして、福沢のイギリス流議院内閣制を批判して天皇と政府の権限の強いドイツ流憲法の制定を主張していた太政官大書記官（内閣官房長官）の井上毅《いのうえこわし》（一八四三〜一八九五年）が、井上馨や伊藤博文の信頼を得るにいたったのである。

政府内での多数派形成が進まなかった大隈らは、一八八一年一〇月に第三回大会を東京で開く予定だった国会期成同盟を味方にしようとした。全国の地方結社が国会開設を求める際には、イギリス流の議院内閣制を立派に条文化した交詢社私擬憲法案は、彼らの重要な武器になるであろう。そうすれば、自分たちの政府内部での孤立を民間運動の支持で補うことができる。そう考えた大隈らは、一〇月の各地代表の東京集合に先立って、政府に憲法の制定を激しく迫った。

しかし、国会期成同盟の主導権を握っていた板垣退助ら旧土佐藩グループは、国会を開かせてそこでの多数を握ることをめざしていたのであり、自ら政権を担当することは望んでいなかった。今日の我々には、こういう民主主義運動は理解しにくいかもしれない。しかし、廃藩置県からわずか一〇年程度の一八八〇年代の初頭においては、専制政府の側には短期間とはいえ統治の経験があるのに、板垣ら議会派は一八七五（明治八）年以来の五年間完全に政権から離れていた。彼らは面倒な政府運営ではなく国会開設運動に専念してきたのである。そのような時にもし国会が開設されたとしたら、彼らが比較的習熟してきた国民運動や地方動員を駆使して選挙に勝ち国会を独占し、行政権を握る政府に拒否権を行使して政策変更を求めるというのは、彼ら議会派にとってはむしろ自然な路線であった。

このため国会期成同盟の主流は、大隈系官僚や福沢系知識人の、政権奪取を前提にした議院内閣制論には同調しなかった。さらにいえば、板垣らは憲法の内容にはあまり関心がなく、どのような憲法の下でも衆議院の多数を握り、政府に施策の変更を迫るという方針を定めていたのである。一八八一年九月に上京した板垣は、大隈系官僚や福沢系ジャーナリストの共闘の申し入れを断り、近い将来の国会開設に向けて地方地盤の強化に努めると宣言して、東北・北陸地方の遊説に出かけてしまったのである。

4-7 変革の終焉(一八八一年以降)

あらためてふりかえれば、一八五八(安政五)年の欧米との通商条約締結を機にはじまった変革の時代は実験と失敗の連続であった。

封建議会制によって平和裏に行われるはずだった幕府の政権返上は、結局は幕府と有力藩との内戦による倒幕を結果した。同様に封建領有制の廃止も、藩主と藩士の二院制議会の手で平和裏に行われるのではなく、鹿児島、長州、土佐三藩の武力を背景に断行された。

二度の大事件を雄藩の軍事力に頼って解決した結果、革命軍の政府内での発言力が増加し、内戦のなくなった時代に革命軍は朝鮮、台湾、中国との局地戦争を迫って政府を苦しめた。一年半におよぶ欧米視察から帰国した大久保利通らは、速やかに産業育成に国力を集中したいと願ったが、政府内部の軍部も、郷里に帰ってしまった鹿児島軍団も、東アジアでの局地戦を求めてやまなかった。後者が引き起こした最後の革命軍反乱である西南戦争は、物価騰貴、財政危機、外貨危機を惹起《じゃっき》し、殖産興業派の手をさらに縛った。

そのような実験と失敗の連続の時代にも、一貫して支持され、幾度の変遷を経ながら成長していった思潮が厳として存在していた。その一つは、やがて立憲制の導入へと変容する幕末の公議輿論（封建議会論）であり、もう一つは、藩単位の封建商社化と軍事力強化が維新後転じた中央集権政府による富国強兵であった。意図されなかった武力行使による明治革命が正当化されたのも、その達成手段が何であれ、革命成就後の政府が立憲制の導入と富国強兵の実現に邁進するという約束と期待があったからである。

日本で現実に憲法が制定され議会が開設されたのは、王政復古後二十余年もたった一八八九（明治二二）年と一八九〇（明治二三）年であったため、明治維新は薩長土肥の西南雄藩の軍事力によって実現され、維新後の岩倉使節団の欧米視察によって殖産興業路線が加わったものとされてきた。民主化は専制政府と反政府派との妥協の産物であり、政府自身はできるだけその到来を遅らせようとしたとさえ考えられている。換言すれば、明治維新は第二次世界大戦以後の東アジアの開発独裁の先駆的なケースとして理解されてきたのである。

しかし、自藩と全国の特産物を購入して欧米に輸出し、その代価で軍艦、商船、大砲・小銃を購入する「富国強兵」は、一八五八年の欧米との通商の開始と同時に、有力諸藩によってすでにはじめられていた。それがあったからこそ、これらの諸藩が幕府に対抗しうる軍事力を身につけていったのである。また王政復古の五年前の一八六二(文久二)年には、「公議会」と呼ばれる有力大名とその家臣たちによる上下二院制構想が登場し、一八六四(元治元)年から一八六七(慶応三)年にかけて、この構想は有力大名やその家臣たち自身によって共有されるにいたった。

この封建議会制は名を替え、形を変えながら、明治維新以後一貫して天皇の名によって公約されつづけていった。一八六八年の「五箇条の御誓文」、一八七五年の「漸次に国家立憲の政体を立」てるという詔勅、そして4-6節で分析した大隈派の政府追放(「明治十四年の政変」)の直後に出された天皇の詔勅などがそれである。

この一八八一年一〇月の詔勅は、「明治二十三年を期し、議員を召し国会を開き、以て朕が初志を成さんとす」というもので、天皇が時期を具体的に示して国会の開設を公約したものである。

かくして、一八六七年の薩土盟約以来の議会論をめぐる論争はこの詔勅によって決着がつき、それ以降はこの公約を着実に実行する段階となったのである。

他方、幕末以来、内容を変えながらも一貫して明治革命の目標であった殖産興業も、この詔勅の前年の一八八〇年一一月の「工場払下概則」の制定と、翌八一年の松方正義大蔵卿による「松方財政」の開始によって幕を閉じた。

前者は、鉄道のような大規模な投資案件や軍需工廠《こうしょう》をのぞいて、政府は企業経営から手を引くことを明言した点で、大久保が構想した殖産興業の終焉を告げるものであった。後者は、幕末の封建商社や明治前期の内務省の通商産業政策の大前提であった積極財政の中止を断行したものであった。松方財政の下で進められた不換紙幣の償却によって物価は急速に下落し、金納固定税収入にもとづく政府歳入は実質的に増加した。自作農や小地主のなかには没落して小作農に転落したものが少なくなかったが、政府財政は安定に向かった。

憲法と議会の問題と同様に、富国すなわち殖産興業の問題においても、変革の時代は終わったのである。

明治維新を達成させた二つの基本目標であった富国強兵と公議輿論が、それぞれ二分して富国派と強兵派と憲法派と議会派の四つに分かれたというと、明治政府は四分五裂してしまったように響くが、筆者らの解釈は逆である。むしろ我々は、この四分裂を一種の柔構造の成立であったと考えたい。富国強兵と公議輿論を現代風に言い換えれば、日本が民主主義を導入したうえで経済大国と軍事大国になることであった。二世紀半にわたって鎖国をつづけてきた東アジアの小国にとって、とうてい達成不能な大目的が設定されてしまったのである。それが維新後四つの目標と四つの勢力に分裂したために、一つの目標の挫折は他の三目標の推進でカバーし、一つの勢力の突出は他の三勢力の連合で封じ込めることができたのである。

「世界無比の国」

かくして本書では、一八八一（明治一四）年をもって変革の時代は終了したと理解する。それ以後の約一〇年間は、緊縮財政を通じたマクロ経済安定の達成により民間企業の成長を待ち、憲法制定に時間をかけ権限の弱い議会を公約どおり開設するという政策志向の観点から見れば、既定路線を着実にたどる漸進主義の時代であった。明治維新という大変革に伴う小地震の連続を、柔構造を特徴とする連合の組み換えにより吸収し、ようやく政治と経済の安定的な運営の時代を迎えたのである。

その結果、一八八一年から一二年後の一八九三（明治二六）年には、明治政府は富国強兵と立憲制の達成を、衆議院に胸を張って報告することができた。一八九三年末の第五議会における陸奥宗光《むつむねみつ》（一八四四〜一八九七年）外相の演説によると、いまや輸出入合計は一八六八年の王政復古時にくらべて五倍強、軍艦の数は四倍、陸軍の兵数は五倍、往時ゼロだった鉄道は三〇〇〇マイルにわたって敷かれていた。法律政治の面でも、アジアで最初の立憲政治がはじまっていることを、陸奥は誇っている。彼はこの演説を次のように締めくくっている。「かくのごとく二十年来長足の進歩をなし来りたることは、欧洲各国の人民あるいは政府が、世界無比の国であると驚嘆をして居る」（『帝国議会衆議院議事速記録』第七巻、東京大学出版会、一九七九年、二五二頁）。

陸奥によって描かれている成果の多くは、著者らが変革の時代の終焉と呼んだ一八八一年以後の約一〇年間に達成されたものである。しかし、それに先立つ二十数年間の変革と挫折およびそれを支えた連合再編の過程なしには、この一〇年間における果実の収穫はありえなかったであろう。

5　変革をもたらした条件

内的進化によってつくられた条件

第一部を締めくくるにあたって二つの観察を付記しておきたい。

第一の観察は、2節でも触れたが、変革期の連携の組み換えが収拾不能な混乱に陥ることなく、また欧米列強につけいる隙《すき》を与えずに、長期にわたって継続したのはなぜかという点についてである。

その一つの答えとして、先に記したとおり、王政復古に先立つ約一〇年間の藩内での上下の交流、有力藩間の左右の交流による協力経験を指摘することができる。明治維新後の展開のなかで、指導者たちは相互に抜き差しならない対立に追い込まれた時でも、衝突の寸前まで互いに相手の善意を信じ込んでいた。

一八七三（明治六）年の征韓論争では西郷隆盛と正面から対立した大久保利通であったが、その前年には自分がイギリスで見聞した近代的工場の姿を詳細に西郷に書き送っていた。そして大久保と西郷が西南戦争でついに軍事的に敵対した時、旧主にあたる島津久光は、自分に忠実な旧上層藩士たちを統率して中立の立場を守らせたのである。

同様の善意は、一八六七(慶応三)年の薩土盟約で封建二院制に同意した鹿児島藩士と土佐藩士の間にも、翌六八年の幕府との内戦をともに戦った鹿児島藩士と長州藩士の間にも存在していた。

旧藩を基盤とする交流経験に加え、より長期的観点から重要なのは、江戸期を通じて醸成されたいくつかの求心的な社会条件である。幕藩体制下の政治安定と「鎖国」下の管理された対外接触のもとで、日本は内乱や外圧に翻弄《ほんろう》されることなく、自らのペースで経済社会を成熟させていく二世紀余の機会を得た(梅棹忠夫『文明の生態史観』、中央公論社、一九六七年。大野健一『途上国ニッポンの歩み——江戸から平成までの経済発展』、有斐閣、二〇〇五年)。

江戸期に内的進化によってつくられた条件のうち、とりわけ重要なのは以下の二つである。

第一は、農業・商業・手工業およびそれらを支える運輸交通・情報伝達の発達およびそれが可能にした富裕層・知識層の成長であり、新知識と政治参加に対する彼らの強い需要であった。第二は、我が国の政治的経済的統一という現実や国学の興隆が生み出したナショナリズムである。

この両者は、幕末期の国家的危機をはらんだ欧米との接触によりさらに強化されることになる。幕末期に富裕層・知識層が共有していたナショナリズムと尊王思想は、政治闘争の最中にもある一線を越えない国民的統合を可能にし、激しい内戦や植民地化を回避することができたのである。

ただしいくら下級士族、学者、富農、豪商らが思想的に成熟しても、幕藩体制の厳しい制度的縛りがきいていれば、彼らが表舞台に躍り出て時代を切り拓くことは不可能であった。

この点で、幕末日本には彼ら（とりわけ下級士族）が旧権威を絶対視せず独自の行動を起こしうる条件が整っていた。それは長期的には、一方における商品作物・手工業品の生産に支えられた市場経済の発展という現実と、他方におけるコメとその生産者である自給自作小農を基礎とする農本主義的な幕藩体制の形式が明らかに矛盾を起こしており、政治革新により新しい経済政策体系を打ち出す時代的要請に迫られていたからである。これをマルクス経済学的にいえば、下部構造に属する生産力の上昇と生産関係の変容が、上部構造の一部をなす政治システムとの対立を引き起こしており、この矛盾を止揚するための「革命」が必要となっていたということになろう。また短期的には、ペリー来航以来の幕府の軍事的・政治的・経済的失敗の累積が、軍事政権としての幕府権力の正統性を一挙に失墜させ、下克上的反乱を可能にしたからであった。これらについては、第三部の中心的課題として取り上げることにする。

すなわち、闘争を一定範囲にとどめる歯止めがかかるなかで、新秩序をめざしての、伝統や上下関係に縛られない政治競争が開始されたのであった。この意味で、幕末維新期の我が国は歴史上きわめてまれでかつ幸運な変革期を迎えたといえる。換言すれば、現在の大多数の途上国にとって、幕末維新期の日本に見られた政治的柔構造を再現することは至難の業であろう。

企業勃興期の準備期間

第二の観察は、大久保らが推進した殖産興業政策、すなわち政府主導で欧米の機械と技術を導入した工場を建設し経営するという明治前半の狭義の産業政策は、現実の問題としてうまくいったとはいえないという点である。この政策が強力に推進されたのは一八七六(明治九)~八〇(明治一三)年にかけてであり、変革期全体から見ると比較的短期であったという点はすでに確認したとおりである。

一八七六年末の農民一揆を減税で鎮め、翌七七年の鹿児島の旧革命軍の反乱に伴う当時の年間歳出とほぼ同額の軍事費を不換紙幣の発行で乗り切った政府にとって、唯一の頼りは実収一〇〇〇万円(年間歳出の二五パーセント)の起業公債であった。

だが実際には、この起業公債の約半額（四五〇万円）を使って内務省自らがイギリスから機械を購入して設立した紡績業は収益を挙げられず、三年後に民間への払下げが決まった際にも、払下げを願い出る民間企業者はほとんどいなかった（高村直助「殖産興業」、井上光貞ほか編『明治国家の成立　日本歴史大系13』、山川出版社、一九九六年、二一五頁）。官業紡績の不振の原因としては、資金不足、効率操業には小さすぎる二〇〇〇錘《すい》という規模、場所・時間に制約される水車の利用、技術者の不足などが指摘されている（阿部武司「綿工業」、西川俊作・阿部武司編『産業化の時代（上）　日本経済史4』、岩波書店、一九九〇年、第三章、一六五～一六六頁）。

これらの問題の突破は、渋沢栄一《しぶさわえいいち》（一八四〇～一九三一年）の働きかけによる一八八二（明治一五）年の民間会社大阪紡績の創設を待たなければならなかった。これに対し民間の在来工業たる製糸業は、欧米から製糸機械をそのまま輸入するのではなく、その一部を在来の製法に吸収した「器械製糸」を生み出し、主としてアメリカへの輸出を急増していった（高村前掲書、二二九頁、二三〇頁）。つまり、輸出志向工業化は民間努力により成功したが、政府の手による輸入代替工業化の方は成果を挙げられなかったのである。

ただし工場経営には成功しなかったものの、明治前期に政府が実施した広い意味での産業政策は、一八八〇年代以降の民間投資の条件を整備するうえで重要な役割を果たした。

たとえば鉄道・道路・電信・灯台などの産業インフラの建設、お雇い外国人や欧米とのプロジェクト契約を通じた技術移転、留学生派遣や工部大学校・高等工業学校創設による人材育成、軍需工廠《こうしょう》におけるエンジニアの訓練と彼らの独立起業、内国博覧会による発明工夫の奨励、各種研究所の設立、財政金融制度の整備などである。

日本の産業革命が本格的に開始されるのは松方デフレ以後の一八八〇年代後半であり、その主たる担い手は株式会社として新設された繊維・鉄道分野の民間企業であったが、明治前半の産業政策はこの企業勃興期の準備期間と位置づけられよう。

第二部　改革諸藩を比較する

なぜ薩長が維新政権の中核に据わったのか

第一部では、戦後の東アジア諸国に見られた開発独裁体制との比較から「明治革命の柔構造」を明らかにした。第二部では、同じ柔構造モデルを使って、改革諸藩間の明治革命への貢献度の違いを分析する。その際に、第一部で「第三の柔構造」として提示したモデルに若干の補強を加えたい。

第一部での「第三の柔構造」とは、西郷隆盛、大久保利通、木戸孝允、板垣退助ら、薩長土三藩の指導者たちの柔軟性のことを指した。そこでの言葉を使えば、「指導者自身の可変性と多義性に関わる柔構造」である。しかし、このモデルは、これらの指導者に率いられる集団の結束が固く、かつ藩内で安定的な地位を維持していることを前提にしている。有能な指導者が状況の変化に対応してその「可変性」を発揮したとしても、その配下が離反したり、藩内のライバルに敗れたりしては、指導者の「可変性」は状況を打開するよりもかえって混迷を深めてしまうであろう。

ゆえに、以下第二部で改革諸藩を分析するにあたっては、我々の柔構造の第三モデルを「指導部の安定性と可変性」と定義しなおすことにする。このようにすれば、幕末・維新の大変革期に活躍した、薩摩（鹿児島）、長州、土佐（高知）、越前（福井）、肥前（佐賀）の

五大藩の柔構造

	目標の複合性	合従連衡	指導部の安定性と可変性
薩摩	○	○	○
長州	×	△	○
土佐	△	○	△
肥前	×	×	△
越前	△	○	×

五大藩指導部の柔構造の優劣を判定し、なぜ薩摩藩と長州藩が維新政権の中核に据わり、土佐藩がそれに一歩を譲り、越前藩と肥前藩が勢力を失っていったのかを説明できるのではないかというのが、我々の仮説である。

五大藩の柔構造の比較

これら五大藩の柔構造の比較は、他の二つについても行うことができる。すなわち、各藩がめざす国家目標がどの程度複線的だったのか、および各藩において他藩指導者との提携やその組み換え能力がどの程度のものであったのかを比較することである。以下での具体的な分析に先立ち、我々の結論をあらかじめ示しておけば、上の表のようになる。なお先に記したように、第三の柔構造は「指導部の安定性と可変性」に微修正されている。

個々の事実に入る前に、この表の段階で若干の説明を付しておきたい。

第一に、「目標の複合性」で×がついた長州と肥前は、「複合目標」を「単一目標」に置き換えれば、すなわち目標のブレのなさで採点すれば、〇がつくという点である。「公議輿論」を落として「富国強兵」だけで評価すれば、この両藩はそれだけを執拗に追求したという意味で高得点が得られるはずである。だが、我々の仮説は、そうした目標の硬直性は、変革期を指導していくためにむしろ大きなマイナスになるというものである。

第二は、「指導部の安定性」の採点基準である。この表に掲げた五藩のすべてが幕末政局のなかで激しい内紛を経験した。しかし、その内紛克服の過程で、安定的な指導部を作り上げていけたかどうかが、路線の変更や提携相手の変更などの他の二つの柔構造の強弱に関係してくる。すなわち、ここでは内紛の有無が採点基準なのではなく、内紛のなかから安定的な改革指導部が形成されたか否かが、我々にとっての採点基準となるのである。

第三は、柔構造の三基準のウエイトの問題である。もしこの表の結論が正しければ、総合得点では、薩摩藩に次ぐのは土佐藩のはずである。しかし、もしこのうち第三の「指導部の安定性と可変性」が変革期を率いるためにとりわけ重要な要請であるならば、薩摩藩と並んで長州藩が高得点を得る。これこそが、王政復古後に「薩長藩閥政府」が成立した理由と考えることができる。同様にして、幕末政局でいつも中枢の一角にあった越前藩が王政復古後にその勢力を急失墜させた理由も、これで大部分説明できるのではなかろうか。

第四に、幕末維新期の指導者のインキュベーター（孵化器）としては、薩長土肥の四藩から肥前（佐賀）をのぞくべきであることを第一部で指摘したが、なぜそう結論せざるをえないかは、この表からも一目瞭然であろう。

以上を念頭に置きながら、第二部では既述の佐賀藩をのぞく四藩について具体的に分析していきたい。なお、先に示した結論的な表は、あくまでも以下の具体的分析の結果として出てきたものであり、表の方が先にあるわけではないことを繰り返しておきたい。

1　越前藩の柔構造

「強兵」のための「富国」

一八六三（文久三）年旧暦九月二三日の勝海舟の日記には、次のような一節がある。

「聞く、越前邦内、漸《ようや》く異議起り、中根靫負、村田巳三郎《みさぶろう》、三岡《みつおか》八郎、青木甚兵衛の輩、皆退けられ、政令、また一変せんと欲する勢あり。横井先生の建議変ぜんか。歎ずべし、古《いにしえ》より、俗吏国を誤り、主を辱《はずか》しむること。我が書到るに及んで、有志輩大いに悦び、置酒《ちしゅ》して同志を会すと」（勝部真長ほか編『勝海舟全集』第一八巻、勁草書房、一九七二年、一〇六頁）

中根靱負は中根雪江《ゆきえ》の名で知られ、村田巳三郎（一八二一〜一八九九年）は村田氏寿《うじひさ》の名の方が有名である。三岡八郎は後年の由利公正のことである。中根以外はいずれも越前（福井）藩で横井小楠の教えを受けた者で、のちに「文久改革派」と呼ばれるようになる。問題は青木甚兵衛であるが、これは、村田氏寿や由利公正とともにこの時藩政を追われた長谷部甚平《はせべじんぺい》（一八一八〜一八七三年）の誤記ではなかろうか。

横井小楠の『国是三論』の影響を受けた由利公正らによる越前藩の「富国」政策の成果について、今日では疑問視する研究者もいる。たとえば、高木不二は次のように述べている。

「従来、越前藩の三岡らによる経済政策は未曾有の成功をおさめ、他藩の模範になったとする高い評価がなされており、またそれにともなってこれを支えた横井小楠の構想の民富論的な先見性が高く評価されてきた。しかし、こうした評価がきわめて観念的で、事実に即したものでないことは明らかである。小楠の経済政策は姦商《かんしょう》による生産者の搾取を防ぐねらいから、官府による生産物の直接買い上げを推奨するが、その結果として藩と生産者が直接むきあうかたちになる。したがって紙業のように、両者の利害が対立した場合、官と民の対立はより直接的なものとなる可能性があるのである」（高木不二『横井小楠と松平春嶽』、吉川弘文館、二〇〇五年、一二四頁）

だがこの指摘も、官業が民業を圧迫したか否かという視点はさておき、藩が商業利益を直接に追求しはじめたという事実として読めば、これはまさに我々が第一部で雄藩の「封建商社化」あるいは「藩別の重商主義化」と定義したものの先行業績といえよう。

また高木がいうように、越前藩改革派の政策は官民対立を引き起こし生産増強にあまり有効でなかったという面がたしかにあったとしても、だからといって、彼らの業績を高く評価しその没落を嘆いた勝海舟の方が誤っていたのかといえば、必ずしもそうとはいえない。

幕府内開明派や改革派諸藩が当時めざしていたものは、あくまでも「強兵」のための「富国」であって、明治初期に大久保利通らが試みた「強兵」からの「富国」の分離（すなわち殖産興業）とはちがったものであった。

すなわち彼らの目標は、藩の生産活動を官民をあげて活性化することではなく、藩の軍備を近代化するために必要な資金を得ることであった。ただ横井の『国是三論』では、形の上で富国論と強兵論が分けて論じられているため、明治期の殖産興業の先駆と誤解されてきたのである。事実は、彼の富国論は、米、生糸、麻、楮《こうぞ》、漆などの生産と販売を藩の統轄下に置き外国に輸出するというものであり、強兵論の方は、幕府の軍艦奉行勝海舟と同じく、海軍の強化にあった。藩自身が特産物の生産と販売を担い、その利益で軍艦を買う「封建商社」になろうとするものだったのである（『日本思想大系55』、岩波書店、一九七一年、四四二～四五四頁）。

不安定な富国強兵路線

そうだとすれば、越前藩における一八六三（文久三）年の横井派の排斥と緊縮路線への転換は、「富国」政策はともかく、同藩の「強兵」政策を失速させたことは確かであり、幕府の軍艦奉行の勝海舟はそれを嘆いたのである。

横井派排斥の翌年、越前藩主とその父松平慶永《よしなが》（春嶽）は、小楠の富国論を奢侈《しゃし》と非難し、節倹をもって藩是とした（高木前掲書、一二八～一二九頁）。越前藩が由利公正を藩政に復活させ、薩摩藩を仲介とする茶と生糸の輸出による銃砲の購入に取り組みだしたのは一八六六（慶応二）年に入ってからであり、王政復古の二年前のことにすぎない（高木前掲書、一四五～一四九頁）。そもそも、薩摩藩に頼って特産物を輸出してもらい、同じく薩摩藩に頼って銃砲を輸入してもらうということ自体が、越前藩における「富国強兵」の立ち遅れを端的に示している。

しかし、長期にわたって排斥された横井小楠門下と異なり、松平慶永の片腕であった中根雪江（靭負）の蟄居《ちつきょ》は数ヵ月に過ぎなかった。そしてその中根が、二つめの国家目標であった公議輿論の一貫した主張者であったことは、すでに第一部で記したとおりである。

松平慶永

これを要するに、幕末日本の二大国家目標のうち、越前藩の富国強兵路線はきわめて不安定なものであり、一貫していたのは封建議会論（公議輿論）だけだったのである。ゆえに越前藩は、幕府や他藩に一目置かれ、彼らと対等に交渉するために必要な軍事力を構築することができなかった。また横井派の排斥とその復権の遅れが示すように、改革指導部の安定性の方も、決して強いものではなかった。幕末の越前藩は、国家目標の二元性（第一の柔構造）においても、改革派指導部の安定性（第三の柔構造）においても、相当な弱点を抱えていたのである。

幕末政局の最終局面である一八六七年の薩土盟約と大政奉還に際しても、また明治維新の最初の局面である王政復古においても、越前藩が主導的立場に立てなかった一因は、以上で分析した柔構造の不十分さにあったと我々は考える。

2 土佐藩の柔構造

「兵式は旧来の蘭式」

三重の柔構造のうち、第一の国家目標の複線化の点で、土佐（高知）藩は越前藩と同様にバランスを失していた。すでに記したように、幕末期の「富国強兵」と明治期のそれとの大きな相違は、富国と強兵の分離度にあった。幕末期には富国は強兵の手段であって、富国自身が自己目的化したケースはまれであった。そうだとすれば、幕末期の「富国強兵」

の達成度は、強兵の達成度によって計ることができる。この点において、幕末土佐藩は薩摩藩や長州藩に大きく遅れをとっていた。

一八六八年一月（旧暦慶応三年一二月）の王政復古と同月二七日（旧暦慶応四年一月三日）の鳥羽・伏見の戦いの間に、明治天皇の前での新政府軍の観兵式が行われた。その時の様子を、土佐藩の指揮官谷干城《たにたてき》（一八三七〜一九一一年）は次のように回想している。一月二一日（西暦）の記述である。

「［一二月］二十七日［旧暦］に至り日御門《ひのごもん》前に於て薩、長、土、芸四藩の観兵式の天覧あり。流石《さすが》に薩は服装帽も皆一様にて英式に依り大太鼓、小太鼓、笛等の楽隊を先頭に立て、正々堂々御前を運動せる様《さま》実に勇壮活発、佐幕者をして胆《きも》を寒からしむ。薩に次ぐ者長、長に次ぐは芸、而《しか》して我は唯二小隊のみ。服装亦《また》一定せず、兵式は旧来の蘭式なり。我輩軍事に関する者、遺憾に不堪也《たえざるなり》」（島内登志衛編『谷干城遺稿』上巻、靖献社、一九一二年、五九頁）

薩長二藩のように武力倒幕を意識して率兵上京してきたのとちがって、大政奉還の延長上に王政復古を位置づけてきた土佐藩が、「唯二小隊のみ」だったこと自体は驚くには当たらない。しかし、戦闘服から楽隊まですべてを英式に統一した薩摩隊と、旧来の蘭式でしかもそれすらばらばらの土佐隊の差は、幕末土佐藩における「強兵」の停滞を如実に示している。

幕末の土佐藩でも、吉田東洋《よしだとうよう》（一八一六〜一八六二年）が藩政の中心にあった一八六一〜六二年（文久元〜二年）には、大規模な軍備拡張と殖産興業が計画されていた。しかし、土佐藩では下級武士を中心とする攘夷派（土佐勤王党）の勢力が強く、彼らが吉田を暗殺してしまった（文久二年四月）。この土佐勤王派を実質上の藩主であった山内豊信《とよしげ》（容堂）が処罰する一八六五（慶応元）年までの間、土佐藩の「富国強兵」は停滞したのである。

遅すぎた後藤の復権

第一部で記したように、「富国強兵」と並ぶ幕末維新期のもう一つの国家目標は「公議輿論」であり、この面での土佐藩＝土佐派の貢献はきわめて大きかった。そしてその中心に存在しつづけたのは、後藤象二郎であった。明治日本の議会制論者としては、板垣退助の知名度が抜群であるが、一八六七（慶応三）年の薩土盟約においても、一八七四（明治七）年の民撰議院設立建白においても、さらには本書の対象時期を外れる一八八七（明治二〇）年の大同団結運動においても、後藤は板垣に劣らない貢献をしてきたのである。

その後藤が事実上の藩主山内豊信の信頼を回復して、攘夷派の武市《たけち》半平太《はんぺいた》（瑞山《ずいざん》、一八二九〜一八六五年）に切腹の宣言文を読み上げた一八六五年には、土佐藩においてもようやく「公議輿論」と「富国強兵」の二大目標が確立した。後藤は、家老に当たる「参政」の職に就くと、自ら軍艦奉行も兼任して岩崎弥太郎に長崎の土佐商会を担当させ、樟脳《しょうのう》、和紙、鰹節、鯨油などの特産品を輸出して軍艦や銃砲の輸入につとめたのである（山本大編『山内容堂のすべて』、新人物往来社、一九九四年、六八頁、八六頁、一七八〜一七九頁）。しかし、越前藩における由利公正の復権と同じく、土佐藩における後藤象二郎の復権もあまりに遅すぎた。一八六五年からの富国強兵では、王政復古にあと二年強しかなかったからである。

後藤象二郎

薩摩藩伊地知の意見書

すでに第一部で論じたように、土佐藩が富国強兵の遅れをカバーしようとしたのが、一八六七（慶応三）年の薩土盟約における封建二院制論であった。

幕末維新期の二大国家目標の一方の極をなす「封建二院制」で土佐藩の指導者が結束していれば、大政奉還から王政復古にかけての大転換期に、薩摩藩と長州藩による武力倒幕路線を抑えられたかもしれない。薩摩藩改革派のなかには、土佐藩の大政奉還路線を支持する者もいたからである。薩摩藩の陸海軍指導者として西郷隆盛や大久保利通に次ぐ地位にあった伊地知正治《いじちまさはる》（一八二八〜一八八六年）は、大政奉還と王政復古の中間に当たる一八六七年旧暦一一月に、次のような意見書を同藩首脳に送っている。

「一、徳川前日の重罪悔悟、時勢の沿革を観察し、政権を朝廷に奉還し、将軍職を辞退仕候《つかまつりそうろう》については、今は難事を御追責候ては御不公平と奉存《ぞんじたてまつり》候間《あいだ》、朝廷において将軍辞職を御聞済にて、徳川内大臣諸侯の上席にて召置《めしおか》れ候様《よう》御座あるべき哉《や》

（下略）」

「一、縉紳《しんしん》家旧臭の座論、浮浪士の疎議、諸藩因循《いんじゅん》の私説、時務に通じたりと頼むべきものに非ず。何《いず》れ上下議事院の趣法相立ず候ては済《すま》ざる儀と奉存候、乍去《さりながら》、その制度の詳《つまびら》か成るは土人後藤如きのものに吟味仰付《おおせつけ》られ然《しか》るべく御座候」（前掲立教大学日本史研究会編『大久保利通関係文書』第一巻、一九六五年、六〇〜六二頁）

ここで伊地知が主張していることは、この約五ヵ月前の有名な薩土盟約とまったく同じである。

この伊地知の意見書は、二つの点で重要である。

第一に、大政奉還から王政復古にかけて、薩摩藩指導者の間に、倒幕派と反倒幕派の二派が対立していた点である。これは、王政復古に際して武力倒幕に反対したのは土佐藩前藩主の山内豊信や福井藩前藩主の松平慶永だけではなかったことを示している。

第二に、反倒幕派の伊地知が薩土盟約中の上下二院制に忠実であり、かつ、その中心に土佐藩の後藤象二郎を据えていたという点である。

一八六七年旧暦六月の薩土盟約は、徳川慶喜の将軍職返上と二院制議会の創設とに両藩が合意したものであった。この合意にもとづいて、土佐藩の山内豊信と後藤象二郎らが同年一〇月に慶喜に将軍職の返上を迫り、慶喜もそれを受け容れた。有名な大政奉還である。しかるに翌一八六八年一月（旧暦慶応三年一二月）に、薩摩藩は土佐藩ではなく長州藩と結んで、武力倒幕に突き進んだ。王政復古と鳥羽・伏見の戦いがそれである。

武力倒幕への急転換の理由

明治維新は近代日本における最大の変革である。その最大の変革の内容が、わずか半年の間に、封建議会制から軍事力にもとづく専制政府の樹立に百八十度変化してしまったのである。この急転換の理由は、これまでもさまざまな角度から説明されてきた。ある者は、武闘派の薩摩は上下二院制には最初から関心がなかったと断ずることで、薩土盟約と武力倒幕の矛盾を解消してみせた（尾佐竹猛『維新前後に於ける立憲思想』前編、邦光堂、一九二九年、七頁）。他の者はその反対に、大政奉還時の土佐藩には、もはや将軍職の廃止までもっていくつもりはなかったと主張した（佐々木克『幕末政治と薩摩藩』、吉川弘文館、二〇〇四年、三八四頁）。

しかし、先に引用した意見書は、大政奉還と王政復古のちょうど中間の一一月に、薩摩藩の有力指導者が同藩の同志に送ったものであり、その内容は将軍職の廃止と上下二院制を前提とした土佐藩との提携であり、武力倒幕への反対である。土佐藩の大政奉還論が薩土盟約時のままの将軍職廃止論であったことは明らかであろう。

また、のちに詳しく見るように、伊地知は薩摩藩きっての軍事専門家であった。その彼が土佐の後藤象二郎を中心とする上下二院制の樹立を唱えているのであるから、「武力一点張り」の薩摩武士が土佐藩の二院制論を踏みつぶした、という尾佐竹猛の見解も成立しない。ちなみに、伊地知の議会論が一時的なものでなかったことは、彼が明治新政府で一貫して、立法部に当たる左院に在職していたことが示している。この点では、後藤象二郎も同様であった。一方で、戊辰戦争における軍功で一〇〇〇石の永世禄をもらい、他方で維新後も幕末議会論の信奉者であった伊地知のケースは、武闘派と議会派の両立を否定した尾佐竹の偏見に修正を迫るものであろう。

歴史研究者はとかく通説を修正したがる。英語にリヴィジョニスト（修正主義者）という言葉があるように、この性向は洋の東西を問わない。しかし大概の場合は、この「修正説」に対する次の修正説が出てきて、話は元の通説に戻る。薩土盟約で合意した将軍職の廃止と封建二院制は、大政奉還においても土佐藩の主流派と薩摩藩の少数派によって支持されていたのである。

後藤象二郎と板垣退助

このような事情を考えれば、王政復古に際しての小御所《こごしょ》会議での越前の松平慶永や土佐の山内豊信の、徳川慶喜を加えての藩主会議論は相当に有力だったはずである。しかし、土佐藩の改革派のなかには、山内豊信や後藤象二郎の大政奉還論に同調しない有力者がいた。板垣退助や谷干城らの陸軍担当者がそれである。

上述したように、土佐藩では、「富国強兵」をめざす上層藩士と「尊王攘夷」を唱えて長州藩に近づく下層武士が対立していた。一八六五年の武市半平太の切腹で、この対立は前者の富国強兵派の勝利に終わった。しかしその後に、同じ富国強兵派のなかに、封建二院制による平和的な体制改革をめざす山内豊信、後藤象二郎らと、薩摩藩のなかに武力倒幕への流れを見てそれに同調しようとする板垣退助や谷干城らの陸軍担当者との対立が、顕在化してきたのである。

後藤象二郎と板垣退助の相違は、一面では新体制のなかに徳川家を含むか否かにあったが、他面では封建議会制への賛否にあった。この時点における板垣退助は、封建議会制には反対の武闘派であった。板垣退助といえば明治の議会制論の中心人物として有名であるが、幕末維新の革命期には、議会論の中心人物は後藤象二郎であって、板垣ではなかった。この事実は、のちに自由民権論者として有名になった板垣にとっては、都合の悪い過去だったのである。

自己の名声に都合の悪いこの過去を書き換えようと、板垣は後年、戊辰戦争時に「民撰議院」の必要を痛感した、という伝説をつくろうとした。一九一〇（明治四三）年に板垣自身の監修で刊行された『自由党史』の巻頭には、薩土盟約における議会制の公約を紹介したうえで、板垣もその直後の戊辰戦争で、天下の雄藩たる会津藩の没落に殉じたのは五〇〇〇の武士だけで、「農工商の庶民」は皆荷物を背負って藩を捨てるのを見て、四民平等の大切さを悟ったと記されている（前掲板垣退助監修『自由党史』上巻、二八〜二九頁）。しかし、板垣による個人史の改竄《かいざん》については、当時板垣の片腕として東北戦争に従事していた谷干城の、陣中でそんな話は誰も聞いたことがなかったという反論がある（前掲坂野潤治『日本憲政史』、二四頁）。

実は、封建二院制による新体制への平和的な移行を薩摩藩と土佐藩の指導者が盟約した直後に、土佐藩の武力倒幕派の板垣、谷、中岡慎太郎、毛利恭助《もうりきょうすけ》（荒次郎、一八三四〜没年不明）の四人は、薩摩藩の小松帯刀、西郷隆盛、吉井友実《よしいともざね》（一八二八〜一八九一年）と会見し、薩土盟約の裏盟約ともいうべき武力倒幕を誓い合った。

「已《すで》に［薩土］盟約ありと雖《いえど》も、［土佐藩］政府の変化計り難し。万一政府遅疑するも、我等同志の徒は愈《いよい》よ結合を堅くし、已を得ざるに至らば政府と離れて実行を期す」（前掲島内登志衛編『谷干城遺稿』上巻、四二頁）

この裏盟約に関しては、中岡慎太郎の存在が重要である。彼は後藤らに弾圧された土佐藩攘夷派に属し、弾圧を逃れて長州藩に走った後は一八六四（元治元）年の禁門の変でも長州藩と行動をともにした、徹底した尊王攘夷論者であった。その中岡が薩摩と土佐の武力倒幕派の会談を仲介したことは、長州藩もこの裏盟約を支持していたことを示唆しているのである。

一体性と可変性の欠如

薩摩藩の同じ指導者が、ほぼ同じ時に、二つの相反する盟約を土佐藩指導者と結んだことは、一見したところでは二枚舌に思える。しかし、のちに改めて検討するように、薩摩藩改革派は「富国強兵」と「公議輿論」の二つの国家目標のどちらも重要だと考えていた。また、彼らのあいだの同志的信頼にはきわめて強固なものがあり、藩が最終的にどちらの路線を選択しても、内部分裂にいたることはなかった。国家目標の二元性（第一の柔構造）と指導部の団結力と可変性（第三の柔構造）とに支えられて、薩摩藩指導部は、一八六六（慶応二）年の薩長同盟、六七年の表と裏の薩土盟約のように、複数の合従連衡を同時に実現していったのである（第二の柔構造）。この点は、4節、5節で改めて検討する。

薩摩藩指導部が一致団結して複数の連携に関わったのに対して、土佐藩改革派では二つのグループが別々の盟約を薩摩藩と結んでいた。このことは、大政奉還から王政復古にかけての大切な局面での土佐藩の発言力を弱めることになった。

たしかに、武力倒幕派の板垣、谷、片岡健吉《かたおかけんきち》（一八四三〜一九〇三年）らは、薩摩藩との裏盟約に助けられて倒幕派内での土佐藩の劣勢を挽回することができた。鳥羽・伏見の戦いの直前に薩摩藩が江戸で幕府の挑発に成功した時（幕府勢力による江戸薩摩藩邸の焼打ち）、京都にあった西郷は谷を薩摩藩邸に呼び、「はじまりました、至急乾君《いぬい》［板垣］に御通じなされよ」と忠告してくれたのである（前掲島内登志衛編『谷干城遺稿』上巻、五九頁）。裏盟約にもとづくこの忠告により、鳥羽・伏見の戦いには間に合わなかったが、板垣や谷の率いる土佐藩兵は、江戸進撃から会津落城にいたる期間、薩摩と長州の藩兵につぐ功績を挙げることができたのである。

しかし、板垣の成功は後藤の発言力を弱めた。徳川家を含めた封建議会制による平和革命を唱えてきた前藩主山内豊信と重役後藤象二郎らは、王政復古後の政局で急速に影響力を喪失していったのである。土佐藩改革派には一体性と可変性（第三の柔構造）が欠けていたのである。

3　長州藩の柔構造

ナショナリストによる富国強兵路線

幕末政治において武力攘夷と武力倒幕で一貫していた長州藩は、第三の同志的結合においては越前藩や土佐藩に優るとも、第一の国家目標の複数性と第二の合従連衡においては、著しく柔構造を欠いていたように見える。その長州藩を中心に幕末維新期を俯瞰《ふかん》すれば、王政復古を境に「尊王攘夷」から「開国進取」に一変した、節操なき近代日本像が現れてくる。

一般に広く抱かれているこの長州藩イメージは、実はこれまでの専門研究において主張されてきたこととは相反する。一方で、一八六一（文久元）年までの長州藩は、同藩目付長井雅楽《ながいうた》（一八一九〜一八六三年）の「航海遠略策」に見られるように、「開国」と「公武一体」と「海内一和《かいだい》」の主唱者であった。このうち前者は富国強兵そのものであり、後二者は萌芽的な形ではあれ「公議輿論」に通じるものがあったのである。

他方、それからわずか四年後に在英の薩摩藩同志に大久保利通が送った書簡には、「長州戦争以往、所謂《いわゆる》暴論過激の徒、大抵眼を豁開《かつかい》し、攘夷の不可成を弁別、大に国を開くことを唱候人心に相成候」と記されている。同書簡には、さらに一歩を進めて「断然商法等施行」に向かっている有力藩として佐賀藩、越前藩、土佐藩などの名が挙げられているから、先の「暴論過激の徒」が長州藩をさすことは明らかであろう（勝田孫弥前掲書、上巻、一九一〇年、六四八頁）。長州藩が攘夷論の中心だったのは、一八六一年から六五年までの四年間だけのことであり、一八六八年の王政復古の二年以上前から同藩は開国論に転換していたのである。一八六五年に薩摩と長州が接近し、薩摩藩名義で長州藩が外国から武器を購入することになったのは、この転換を象徴するものであった。

　長州藩の富国強兵路線への転換は、すでに記した越前藩や土佐藩のそれとほぼ時期を同じくするものであったが、そこには一つ大きな違いがあった。

　越前藩における由利公正らの復権は、富国論を信奉する横井小楠派の復活として行われた。土佐藩における後藤象二郎らの復権も、横井と同じく富国論者であった故吉田東洋派の路線の回復として行われた。由利も後藤も「強兵」を無視したわけではないが、攘夷派を倒しての復権では、開国派の色彩が強すぎた。

吉田松陰

　これに反して、長州藩の富国強兵への転換は、同藩における開国論者であった長井雅楽派の復権としてではなく、強烈なナショナリストであった吉田松陰《よしだしょういん》（一八三〇～一八五九年）の門下生たちによって断行された。

長井路線

　幕末最高の洋学者であった佐久間象山《さくましょうざん》（一八一一～一八六四年）の弟子でもあった松陰に

富国強兵の思想がなかったわけではない。しかし、松陰は徹底した攘夷論者であり、彼の「富国強兵」は鎖国の継続を前提とするものであった。鎖国を前提とする「富国強兵」という概念は、今日の我々には定義矛盾そのものとしか思えない。しかし、二〇世紀前半の社会主義体制も、いわばそれに近いものであった。松陰の考えでは、佐久間象山のような洋学者の科学と技術を総動員すれば、「宝祚《ほうそ》〔皇位〕無窮《むきゅう》の大八洲《おおやしま》」を維持したまま、欧米に対抗できる「富国強兵」の国になれるはずであった。

だがそれにしても、松陰が守ろうとした神州日本の精神はあまりにも日本的でありすぎた。一八五八（安政五）年の日米修好通商条約の締結直後に書かれた「時勢論」では、幕府の対米従属外交の欠点の一つとして、次のような議論が展開されている。

「二百年来徳川家第一厳禁なる天主教〔キリスト教〕をも許し、絵踏《えぶみ》の良法を改除し、他日の患害已《すで》に目前に備《そなわ》れり」（佐藤誠三郎ほか編『幕末政治論集　日本思想大系56』、岩波書店、一九七六年、一四二頁）

今日の筆者たちの感覚では、「絵踏の良法」を守る「富国強兵」という主張は、一九四〇年代前半の超国家主義時代の「鬼畜米英」と同じに響く。一八六五（慶応元）年前後に長州藩が大転換せずに、恩師吉田松陰の教えのままに進んだとしたら、同藩が明治維新後の主役の座の一つを占めることはできなかったであろう。ここで決定的に重要なことは、幕末長州藩における路線の大転換は指導グループの更迭なしに行われたという事実であり、それが同藩の強みであったという点である。

先に触れた長州藩目付長井雅楽の「航海遠略策」は、越前藩での横井小楠、土佐藩での吉田東洋の「富国強兵」論に引けを取らない議論であった。しかし、それが「航海遠略策」と呼ばれたように、その議論は、鎖国はたかだか「三百年来の御掟」にすぎず、古代の日本はもっと勇敢に東アジアに雄飛していた、と説くものであった（前掲佐藤誠三郎ほか編、二一八〜二一九頁）。もし長井の教えを信奉する指導者グループが長州藩に存続していて、一八六四（元治元）年に長州藩が四国連合艦隊に敗れた後で政権に復帰したならば、転換は路線と政権の双方で行われることになる。

すでに前節までに見てきたように、このような二重の転換は、越前藩や土佐藩においては改革派の藩内と藩外における指導力を弱めることになった。これに反し、長州藩においては、長井雅楽の開国路線に真っ向から反対していた吉田松陰の門下生が、藩権力を握りながら、かつての長井路線に転換したのである。我々が第一部の三重の柔構造のうち第三のものとして定義した、「指導者自身の可変性と多義性」が、長州藩では同志的結合に支えられて機能していたのである。

長州藩における三重の柔構造の度合いを計るという本書の観点からすれば、長州藩の検討はここで終わってよい。しかし、先に触れた長井の「航海遠略策」には、あえて蛇足をつけたくなる内容がある。それは、鎖国はたかだか「三百年来の御掟」にすぎないと断じた部分である。神功《じんぐう》皇后の三韓征伐以来の海外雄飛の伝統（五世紀頃についての伝承）を持つ朝廷が、たかが江戸幕府が一七世紀に断行した鎖国に、あたかも「皇国の御旧法」であるかのようにこだわるのは本末転倒ではないかというのである（前掲佐藤誠三郎ほか編、二二八〜二二九頁）。極論すれば長井は、航海遠略こそが朝廷の「御旧法」であり、鎖国は幕府がはじめた逸脱であり、今それを幕府がやめようとしているのに朝廷が反対するのは筋が通らない、と主張しているのである。

一八六五年前後に長州藩指導者が攘夷から開国に大転換するに際して、長井雅楽のグループが吉田松陰門下に代わって政権を担当したとしたら、長州藩の尊王攘夷派の面子《メンツ》はまったく立たなかったであろう。尊王攘夷を唱えてきた松陰門下生たちが、自らの可変性を示して「開国進取」に転換したからこそ、長州藩は幕末政局の一方の雄でありつづけられたのである。

4 西南戦争と柔構造

薩摩グループの弱点

以上検討してきた三藩に第一部で触れた肥前（佐賀）藩を加えた四藩にくらべて、幕末維新期の薩摩（鹿児島）藩の柔構造は、以下に見るようにほとんど完璧なものであった。その完璧さの分析に入る前に、あらかじめその完璧さゆえの悲劇について記しておこう。いうまでもなく、一八七七（明治一〇）年の旧薩摩勢力の大分裂である。

薩摩藩の改革派指導部は、一八五九（安政六）年に藩主代行の島津久光に「誠忠組」として公認されてから、一八七七年の西南戦争にいたるまでの約一八年間、その一体性を守りつづけてきた。その同志的結合の強さは、明治政治史研究で薩摩グループの大分裂とされてきた一八七三（明治六）年一〇月の「征韓論分裂」（「明治六年の政変」）すらも乗りきる力があった。「征韓論分裂」の翌年である一八七四（明治七）年に行われた台湾出兵は、富国派の大久保内務卿や黒田清隆開拓長官だけではなく、政府内の正規軍（海軍）や、薩摩に帰ってしまった西郷隆盛らの旧近衛兵にも支持されて断行されたものであった。この時までは薩摩グループはなお一体性を保っていたのである。

一八七七年の西南戦争が薩摩藩改革派の内部分裂であったことは、周知の事実である。しかし、本書の提示する議論にとってより重要なことは、それが約一八年にわたって内紛を回避してきた薩摩藩の「柔構造」自体の崩壊だったという事実である。

薩摩グループとともに一〇年間にわたって明治政府を担ってきた長州グループの中心人物は、さすがにこのことを見抜いていた。第一部で紹介したように、一八七七年二月の伊藤博文宛の手紙で、木戸孝允は、西郷の反乱を明治革命のために飲んだ劇薬の薬害にたとえていた。同じ手紙のなかで、木戸は、長州は「革命軍」との内紛はすでに経験済みだが、これまで未経験の薩摩も今回の反乱でようやく目が覚めるであろう、と記している。重要な内容なので、その部分を引用しておこう。

「昨夜半鹿児島の電報御示、披見《ひけん》仕候。所詮大挙の勢力はこれ無しと相察せられ申候。実に連年小グヅグヅは却て国家平安の為によろしからず、何卒此度《このたび》は判然御所分これ有りたく希望いたし申候。兵隊の驕慢はあたかも病後の薬毒の如し。長州の如きは久しく混雑候ゆえ其経験御坐候得共《そうらえども》、薩は一新已来《いらい》の新居に付兎角《とかく》其味相分り兼《かね》候処、此境に至り候えば彼内輪にても自ら明白に了解候事に付、前途の為めには所致の宜敷《よろしき》

を得候已上《いじよう》は好都合と相考え申候」（前掲伊藤博文関係文書研究会編『伊藤博文関係文書』第四巻、三〇一頁）

ここでの主題は「兵隊の驕慢」である。その点で長州藩には、有名な奇兵隊以下の諸隊が攘夷や反幕府行動において藩の意志を大きく左右した経験がある、というところまでは素直に理解できる。しかし、「薩は一新已来の新居に付」とはどういう意味であろうか。

いうまでもなく薩摩藩の兵隊は、幕末期の一八六三年の政変（文久三年八月一八日の政変）でも翌六四年の禁門の変でも大きな働きをしており、一八六八年の戊辰戦争でも一八七一（明治四）年の廃藩置県でも、政府軍の主力となっている。その意味では、薩摩軍が「一新已来の新居」であったはずはない。「新居」には新築住宅以外の意味はないからである。そうだとすれば、長州とちがって薩摩が未経験と木戸が指摘しているのは、改革指導者内部での「文」と「武」の衝突であろう。結局木戸はこの手紙で、文武の内紛の未経験を薩摩グループの弱点と指摘しているのである。

一八七七年の西南戦争が同じ薩摩の改革指導者間の一大武力衝突であったことを考えれば、木戸の指摘はたしかに的を射ている。

軸足の置き方の多様性

　しかし、同じことを別の観点から見直せば、そのような内紛が明治一〇年までなかったことが、幕末維新期における薩摩藩改革派の強みであったということもできる。一八五九（安政六）年末に大久保や流刑中の西郷を中心に、約五〇人の誠忠組が藩主代行の島津久光の公認を得て以来、薩摩藩改革グループは、後述の寺田屋騒動をのぞけば、きわめて強固な同志的結合を守りつづけてきた。彼らの国家目標は人によって比重が違っていた。ある者は富国に、他の者は強兵に、さらに別の者は封建議会に軸足を置いていた。しかし、これらの軸足の置き方の違いは、同志的結合が強い場合には、「国家目標の多様性」という第一の柔構造を充たすものになる。

　さらに、軸足の置き方の多様性は第二の柔構造である「合従連衡」の保証にもなった。ある者は長州藩の武力倒幕派と組み、他の者は土佐藩の大政奉還を支持した。この場合にも、彼らの内部での同志的結合が強固であれば、個々には違う連携相手も、グループ全体としては多様性と柔軟性のある合従連衡を可能にした。

　一八六三（文久三）年と六四（元治元）年には会津と組んで長州を排撃し、同じ六四年には勝海舟を介して封建二院制の必要を自覚し、六六（慶応二）年には朝敵長州藩と結んで薩長同盟を締結し、六七（慶応三）年には土佐藩と組んで大政奉還を実現させ、その三ヵ月後には大政奉還路線を捨てて徳川軍を鳥羽・伏見で打ち負かすという幕末薩摩藩の変容ぶりは、外から見れば、舌が三枚も四枚もあったように見える。だが別の観点からすれば、幕末維新期の薩摩藩は固定観念に自縛されることなく、激しい状況変化にきわめて柔軟に対応できたともいえる。同藩改革グループは、以上の路線と提携のめまぐるしい変更を、一糸乱れず断行したのである。

次節では、我々のいう「柔構造」の典型であった幕末維新期の薩摩藩改革派の動向を、すでに見てきた越前、土佐、長州の三藩についてよりも、やや詳しく検討していきたい。

西南戦争は「大地震」か

ただし、具体的な分析に入る前にあらかじめ二点断っておきたい。

その第一点は、一八七七（明治一〇）年の西南戦争という「大地震」と、幕末維新期の薩摩藩の「柔構造」との矛盾についてである。大地震を避けるための柔構造が結果として大地震をもたらしたのであれば、第一部で提示した我々の柔構造モデルを変更しなければならない道理である。しかし、我々はそうは考えない。

一八五八（安政五）年の開港決定から一八七一（明治四）年の廃藩置県までの一三年間の大変革期とくらべれば、一八七七年の西南戦争の影響ははるかに小さかった。すでに明治国家の大方針はこの一三年間にほぼ定まっており、戦争上手の西郷隆盛やその配下の力をもってしても、それを大きく変えさせることは不可能であった。それが、先に引用した手紙のなかで、木戸孝允が「所詮大挙の勢力はこれ無し」と言いきった理由である。幕末維新期の大変革を遂行した薩摩藩の柔構造が、その大変革の後で崩壊しても、それはもはや「大地震」をもたらすわけではなかったのである。西郷隆盛が政府内からの呼応を期待した川村純義《かわむらすみよし》（一八三六〜一九〇四年）海軍次官（大輔）は、軍艦を率いて反乱軍に投じはしなかったし、熊本城から大隊を率いて寝返るものと西郷が期待した樺山資紀《かばやますけのり》（一八三七〜一九二二年）参謀長は、最後まで熊本城を死守して西郷軍の猛攻に耐えたのである。

薩摩グループの柔構造の崩壊は、一八七七年には、もはや天下国家の命運を握るものではなく、明治政府内における薩長バランスを長州優位に変えるという権力闘争のレベルのものに過ぎなかったのである。

あらかじめ断っておきたい第二点は、次節の分析の目的は、薩摩藩改革派の可変性と多義性、およびそれを支えた同志的結合の強さを事実の問題として確認することにあるという課題の限定である。歴史分析における原因究明は、ある意味では無限に遡っていく。我々はすでに第一部で、明治維新の特徴を三重の柔構造に求めた。そしてこの第二部では、明治維新を支えた四大藩の「柔構造度」の比較をめざしている。その結論に対しても、薩摩藩指導部の「柔構造度」が他藩に比して圧倒的に高かった原因は何か、と設問することは可能であろう。しかしそれは、いわば原因の原因を問うことであり、本書の射程を越えるものと考える。

5　薩摩藩改革派の多様性と団結

寺田屋騒動以前

一八六二（文久二）年以前の薩摩藩では、他の四藩と同様に内紛が絶えなかった。蘭学を好み、オランダ流の反射炉や溶鉱炉を製造し、西洋式の帆船や軍艦も試作した藩主島津斉彬《なりあきら》が一八五八（安政五）年に死去すると、藩政は保守派が握り、斉彬に重んじられて開明諸藩の藩主や家臣との交渉にあたってきた西郷隆盛も奄美大島に配流《はいる》された。

西洋化をめざしてきた武備も古流に戻され、元込め銃は火縄銃に後退し、一〇ヵ所に八三門設置された大砲も、イギリス艦隊のアームストロング砲の四分の一の射程しかなかった。一八六三年旧暦七月の薩英戦争では、折からの台風とイギリス艦隊側の不用意によって、結果的には善戦となったが、彼我の軍事力の差には歴然たるものがあった（池田俊彦

『島津斉彬公伝』、中公文庫、一九九四年、五二〇〜五二一頁、および神谷次郎ほか『幕末維新三百藩総覧』、新人物往来社、一九七七年、三八一〜三八三頁)。

薩摩藩改革派の同志的結合も、一八六二年旧暦四月のいわゆる寺田屋騒動以前には、強いものではなかった。一八五九(安政六)年に藩主島津茂久《しげひさ》(忠義《ただよし》)やその実父の久光から公認された約五〇名の誠忠組のなかにも、直接勤王派と挙藩勤王派(藩論を動かし藩主と一体となって勤王に尽くすの意)の対立がつづき、後者が久光の命を受けて前者を伏見の寺田屋で斬殺したのが、寺田屋騒動である。しかし、寺田屋事件で誠忠組が挙藩勤王で一致し、翌年の薩英戦争を機に、かつての島津斉彬の「開国＝富国強兵」論に藩論が立ち戻って以降は、薩摩藩の行動にはブレがなくなった。

島津斉彬路線への回帰

薩摩藩の富国強兵路線への回帰は、二つの点で他の三藩に優越していた。

第一に、その時期である。一八六二(文久二)〜六三(文久三)年といえば、他の三藩では「開国＝富国強兵」派が藩政権から追われた頃である。この二年間に、越前藩では横井小楠を熊本に追い返し、土佐藩では吉田東洋が暗殺され、長州藩では長井雅楽が切腹させられている。他の三藩で富国強兵論が排斥されている時に、薩摩藩ではそれが復活しているのである。

　すでに記したように、他の三藩でも一八六五（慶応元）年には「開国＝富国強兵」路線が復活している。しかし薩摩藩の場合には、単に復活の時期が早かっただけでなく、復活した原点は前藩主島津斉彬のめざした路線そのものであった。横井小楠、吉田東洋、長井雅楽路線への回帰の場合と異なり、斉彬路線への回帰には、後ろめたさがまったくなかった。西郷隆盛、大久保利通、吉井友実、伊地知正治、海江田《かえだ》信義《のぶよし》（一八三二〜一九〇六年）らの誠忠組は、家老の小松帯刀とともに、開国を前提とした富国強兵とそれを支える挙国一致体制の樹立をめざして、京都で江戸で大坂で精力的な活動を展開していった。「富国強兵」と「公議輿論」が薩摩藩がめざす国家改造の二大目的として定着したのである。

島津久光

　開国による「富国強兵」に目標を据えた誠忠組は、幕府の軍艦奉行で欧米通の勝海舟に接近した。一八六四（元治元）年の京都の薩摩藩邸には、軍賦役の西郷隆盛、軍奉行の伊地知正治とともに御小納戸役《おこなんどやく》の吉井友実がいた。三人ともほぼ同年であり、一八六四年当時三七〜三八歳の働き盛りであった。一八六四年当時は三〇歳で、西郷らより若かった家老の小松帯刀も、鹿児島にいないときは京都藩邸に滞在していた。

この四人のなかで、勝海舟との接触が一番早かったのは吉井で、それにつぐのが小松であった。勝日記の一八六三年旧暦一一月一五日の項には、次のような記述がある。

「昨、薩藩吉井中助［友実］来訪。当節の形勢幷《なら》びに御上洛［天皇に拝謁のための将軍家茂の京都行］速かにこれなくては、瓦解なるべく、且、もし御遅寛に於ては中納言殿［一橋慶喜］と議して、天下の大事を極むべきか。或いは将軍御上洛あらば、御警衛の如き、薩家の人数を以て成すべく、是等《これら》は直ちに御受け申しても差支えなし云々」（前掲勝部真長ほか編『勝海舟全集』第一八巻、一二七〜一二八頁）

ここに記されている将軍上洛は、朝廷の攘夷決行命令の棚上げと有力大名の発言力の増大を目的として、一橋慶喜、島津久光（薩摩）、松平容保《まつだいらかたもり》（会津、一八三五〜一八九三年）、松平慶永（越前）、山内豊信（土佐）、伊達宗城《だてむねなり》（伊予、一八一八〜一八九二年）ら開明派の有力大名が準備していたもので、その年の一二月から翌六四年一月の「参預制」に結実するものである。しかし、ここで注目したいのは、西郷がまだ沖永良部島《おきのえらぶじま》に流されていた一八六三年末の時点で、彼の盟友吉井友実が薩摩藩の意向を代表する形で、勝海舟と会っていたという点である。

その後も吉井はたびたび勝を訪問している。将軍家茂《いえもち》の軍艦による上京が予定されていた当時、軍艦奉行として活躍中の勝は、当然江戸にいた。その勝をたびたび訪問している吉井も、一八六三年末の時点では江戸の薩摩藩邸にいたことになる。このように、京都にいたり江戸にいたり、自由に居所を変えられること、およびそこでの情報や見聞を実に筆まめに鹿児島、京都、大坂の同僚に報告していたことは、薩摩藩改革派の特徴であった。どんなに急いでも手紙の往復には二週間はかかった。しかし、この時間差を乗り越えて、彼らは滞在地の異同にもかかわらず、全国の情報を共有していたのである。この点は後に改めて検討する。

相互信頼にもとづく「独断専行」

もう一つ注目すべきことは、彼らの一種の「独断専行」である。

吉井の場合、自分の決断が鹿児島や京都にいる上司や同僚の嫌疑を招くのではないかという躊躇《ちゆうちよ》はいささかも感じられない。勝海舟と応答する時、吉井は薩摩藩を代表する者として振舞っているのである。先に引用した勝の一八六三年旧暦一一月の日記でも、吉井は、「将軍御上洛あらば、御警衛の如き、薩家の人数を以て成すべく、是等は直ちに御受け申しても差支えなし云々」と、あたかも薩摩藩主であるかのような回答を勝に与えていた。

吉井が御小納戸役になるのは一八六四年で、この六三年には徒目付《かちめつけ》であった。これらの地位の藩内でのランキングは詳しくはわからないが、七七万石の薩摩藩を代表して徳川幕府の軍艦奉行と対等にやりあえる地位だったとは思えない。薩摩藩における誠忠組の影響力の強さを示すものであろう。

勝日記には、さらに驚くべき記述がある。将軍家茂の海路上洛に反対する幕閣の態度に憤った勝は、その怒りを「薩州へ一書」(江戸薩摩藩邸にいた吉井への書簡)として記した。これに対し翌日(旧暦一二月一〇日)の日記には、「吉井中助、返書あり」とある(前掲勝部真長ほか編『勝海舟全集』第一八巻、一三五〜一三七頁)。勝の手紙と吉井の返書には、以下で見るように一対一の対応がある。要するに、当時の吉井は薩摩藩を代表して、幕府の軍艦奉行と応対していたのである。

一八六三年から六四年にかけては、明治維新に向けての第一歩が大きく踏み出された時期であった。薩摩藩、越前藩、土佐藩などが攘夷にこだわる朝廷と長州藩を押さえ込み、朝廷、幕府、有力大名の合議制にもとづき、「開国進取」を新たな国是として打ち立てようとしていたのである。そのためには将軍家茂の上洛が是非とも必要であり、しかもその上洛が「開国進取」のシンボルともいうべき蒸気船によって行われることが、開明派の勝海舟にとっても、上記三藩にとっても重要だった。

しかし、立場を換えて幕府内の保守派の身になって考えてみれば、将軍の上洛は国内政治における幕府の勢力が削《そ》がれることを意味した。海路上洛を阻止して陸路に戻せば、一方で幕府内の勝海舟のような欧米かぶれの力を抑えられ、他方ですでに京都に集まっている開明派諸藩の実権者たちが待ちきれなくなるまで時間を稼げる。将軍家茂が軍艦で上洛するか否かの問題は、国内政治体制の変革の問題と密接に関係していたのである。

このような重大問題について、勝は幕府の内情を率直に吉井に書き送り、吉井はおそらくは誰とも相談せず、翌日には勝に、これまたきわめて率直な返事を書き送っているのである。薩摩藩改革派の相互信頼にもとづく「独断専行」を示唆するものなので、日記と二人の往復書簡の一部を紹介しておこう。まずは勝の日記である。

「［一二月］九日。登営。（中略）聞く。昨、大小監察議あり。陸路の御供、当年中、京着の御都合に相成らず。然る時は、御上洛御着船よりして、御警衛の壮士足らず。

（中略）御供着を待って御出帆然るべし、と云う。此議、甚だ盛んなり。閣老［老中］これを聞かず。今諸家　御上洛を希《ねが》う者、一日千秋、且、因循日を送らば、変生はかり難く、且また諸家へ御約あり、今にして動かすべからずと。今日、登営する監察杉浦兵庫、岩田半太郎等、病気を称して出勤なく、他皆、此議に同じて応命せず。終《つい》に閣老、御先へ上京の仰せ出されあり。あゝ、天下の事知るべく、下刻［剋］上の勢あり。俗吏雷同して、総裁閣老の命といえ共《ども》行われず、歎ずべく、因《よっ》て薩州へ一書を送る」（同前書、一三五頁）

勝は、中堅役人のボイコットによる将軍上洛の遅延に対する憤懣《ふんまん》をこの日記にしたため、すぐそれにつづけて吉井宛の次の書簡を書いたのである。勝がいかに吉井を信頼していたかを示す史料なので、重複を恐れず引用しておきたい。

「前略、是は監察輩、陸路御供御警衛の者着坂、御着船の御間に合い申さず、当節柄、御警衛不足にては掛《け》［懸］念《ねん》少なからずと申す事にて、議論盛んに相発し、（中略）総裁閣老大いに困却、終《つい》に今日の議［まず閣老が上洛する］と相変り候。然れども総裁閣老は確乎として動ぜざる者これあり。唯々《ただただ》遅延相成り候哉《や》はかり難く、もしかくの如く候わば、この情実、能《よ》く京地に通ぜず候わば、失信失機の端となり申すべき哉と深く痛心いたし候。官吏傍議紛々たるその内実は此度の再御上洛、真実然るべしと存じ込み候者これなく、其の内少見ある者は、云う。西国侯伯の詐謀に乗ずるなりと」(同前書、一三五〜一三六頁)

この勝の手紙に対して吉井は即日返事を書いているが、その内容は三点に要約できる。第一は、勝海舟の努力に対する心からの感謝である。吉井は、「御厚配の段、承知仕る。実に天下の御為、御忠愛の御心術、感激に堪えず候」と最大の賛辞を勝に送っているのである。

第二は、幕府上層の無力さに対する驚きである。薩摩藩では、島津久光や家老の小松帯刀らとの間の意見の対立を怖れる必要はなく、吉井が即座に藩を代表して勝に返書を送っているのに比べると、勝が伝えてくる幕府内の統一のなさに、吉井はむしろ呆《あき》れているようにも感じられる。すなわち、「日本の柄を握らせられ候御方々、御国内危急存亡の秋《とき》に当って、纔《わず》かの議論を圧倒なされ候御力これなく、決然たる御所置の発せざるは、歎息余りある御事に存じ奉り候」と(同前書、一三七頁)。

第三は、幕府のこの内紛と優柔不断が、江戸薩摩藩邸にあって対幕府交渉の任に当たっ

ていた吉井の立場を苦しくしたという点である。すなわち、

「已《すで》に弊藩にも、先頃より度々下旬には万々［上洛］相違あらせられざる段、幾重にも拝承奉り、昨夜、主殿にも出足仕り候次第にて、私共に至り、何共、京師《けいし》へ申し遣わし様もこれなく、只《ただ》忙然と罷《まか》り在り候。恐れ乍《なが》ら御惣裁始めも、先達《せんだつ》てより、御内ばかりこれある御事どもにてはこれなき哉と、今更疑心なきにしもあらず候。京地には追々《おいおい》諸藩の復命によって主上を始め奉り、諸侯伯一同、御安心の筈《はず》。左《さ》候えば、実に高論の如き御失信の端と罷り成るべく候間、いずれ参謁、子細明諭を得候上、兎角不都合あらせられざるよう仕り度《た》く、及ばずながら存じ奉り候」（同前書、一三七頁）

ここには、幕府首脳の批判だけではなく、勝海舟自身に対しても、何か積極的な行動をとるよう迫っている気配すら感じられる。

「王政復古」「武備充実」「公議輿論」のシナリオ

一方で勝海舟とこのように親密な関係を築きながら、吉井は薩摩藩改革派の二人の中心人物、西郷隆盛と大久保利通とも固い絆《きずな》で結ばれていた。

一八六四（元治元）年旧暦二月に、沖永良部島に流刑中だった西郷を迎えに使者に立ったのは吉井であった。また吉井は、江戸や大坂における勝海舟との意見交換の詳細を国許の大久保に報じていた。

一八六四年旧暦六月と九月の大久保利通宛の吉井書簡を読むと、西郷、大久保、吉井らはこの時点で、明治維新にいたるかなりはっきりしたシナリオを共有していたように思われる。「王政復古」、「富国強兵」、「公議輿論」の三点セットがそれである。一八六四年旧暦六月の大久保宛書簡で吉井は次のように述べている。

「近々勝〔海舟〕も帰坂の様子に御坐候付、猶《なお》また直談委曲申し上ぐべく候、（中略）一、天下の事兎角《とかく》王政に復して以て国是を不定《さだめず》ば成功六《むつか》ケ敷《しく》愚案仕候、如何様《いかさま》幕府を助け候ても参り不申、私心どうしても抜切丈《だ》けに無御座候、中々武備充実などおもいもよらん幕府に御坐候、只徳川家を失わんことをのみ恐れ居候ばかり也」（前掲立教大学日本史研究会編『大久保利通関係文書』第五巻、一九七一年、三四〇頁）

この時には、大久保は鹿児島に、吉井は京都にいたが、両人ともに最新情報を共有し、「王政復古」、「国是（開国）」の決定、「武備充実」の目標で一致していたのである。重要なのは、「王政に復」することが幕府の廃止と同じこととして記されていることである。一八六四年の時点で、薩摩藩の指導者たちはすでに「公武合体」(天皇と幕府の平和共存)に見切りをつけていたのである。

「王政復古」、「富国強兵」と並ぶ明治維新の第三公約、「公議輿論」についても、この一八六四年には幕臣の勝海舟と薩摩藩の吉井との間に合意ができていた。西郷隆盛を勝海舟に引き合わせた九月一一日の会談を吉井は鹿児島の大久保に詳しく伝えているが、そのなかの一節では、「公議輿論」が明確な議会制度として謳《うた》われている。

「一、大久保越州〔忠寛、幕府勘定奉行〕、横井〔小楠、越前藩のブレイン〕、勝などの議論、長を征し、幕吏罪をならし、天下の人才を挙て公議会を設け、諸生といえどもその会に可出願《ねがいいずべき》の者はサッ〳〵と出し、公論を以《もつて》国是を定むべしとの議に候由、只今此外挽回の道これあるまじく候。右大嶋〔西郷〕兄よりも委細可被申上《もうしあげらるべく》候得共、聞見の形行荒々《あらあら》申上候」(同前書、三四二頁)

この二つの手紙をあわせると、一八六四年には公武合体を否定した「王政復古」と「武備充実」、さらには列藩会議を超えた「議会制」について、手紙を受け取った大久保利通を含めて、幕府内開明派と薩摩藩指導者の間に合意が成立していたことになる。

勝海舟と小松帯刀

吉井友実を中心に勝海舟と薩摩藩指導者の関係を見てきたが、同じことを勝の側から見ると、西郷、大久保、吉井の三人のほかに、薩摩藩家老の小松帯刀が重要になってくる。

幕府の軍艦奉行の勝を幕府内で支えていたのは、家門大名で政事総裁職や京都守護職を務めた越前の前藩主松平慶永であった。勝はこの慶永を通じて小松と接近していった。一八六三（文久三）年旧暦一〇月三日の勝日記には、次のような一節がある。

小松帯刀

「聞く、八月初旬、春嶽［慶永］の使三岡八郎［由利公正］、薩州に到り公の意を伝う。云う、邦家の［事］をおもうに、今、天下内乱瓦解し、朝政因循、興国の政《まつりごと》行われず。よって同志を京師に会し、朝威正大、幕府高明の御誠意を以て、真実御合体を取計らい、内治一定して天下に御所置あらん事を希《ねが》わんと。薩の執政［家老］小松帯刀は英俊の士、その国政、大抵此人の意匠に決す。大いに同意し、三郎主［島津久光］上京の事、一時に決定したり。ともに力を合して事を成さんと約すと云う」（前掲勝部真長ほか編『勝海舟全集』第一八巻、一一〇頁）

すでに記した一八六三年末から六四年春にかけての有力大名の朝政・幕政への参画の仕掛け人の一人は、薩摩藩家老の小松帯刀だったのである。この頃から勝海舟と小松帯刀は、直接に会談したり手紙を交換したりして関係を深めていく。

この交流を通じて、勝は薩摩藩に海軍力強化の重要性を伝えた。勝側の記録によれば、一八六四（元治元）年旧暦八月に、小松は勝に次のような伝言を送っている。

「小松氏、申し越して云う。海軍の義は必ず誓って興起せむ、君もまた幕府、邦家の為、捨つること勿《なか》れ。近日下坂せば、尋問［訪問］して是等を云わむと」（同前書、二〇三頁）

幕府の軍艦奉行と薩摩藩の家老が互いに海軍力の強化を誓い合うのは、もはや「幕府の為」ではなく「邦家の為」であろう。

薩摩藩テクノクラート・伊地知

西郷、大久保、吉井、小松らが、やや大きな構想の下に幕末政局を動かしていた裏面では、薩摩藩陸海軍の拡充と近代化に具体的に取り組んでいた同志もいた。西郷の信頼が厚かった同藩軍奉行伊地知正治がそれである。

前掲『大久保利通関係文書』の第一巻に収録の伊地知の意見書には、その冒頭から軍事専門家としての本領が発揮されている。一八六三（文久三）年旧暦三月の意見書がそれである。幕末薩摩藩の「富国強兵」がドンブリ勘定で進められたわけではないことを示す、貴重な史料である。意見書の内容をやや詳しく、原文をできるだけ残したうえで要約しておこう。

伊地知正治

〈大砲の事〉

一、二四ポンド砲一挺［門］五〇〇

両くらい。このうち現有の古砲を地金にして充当させれば三〇〇両くらいになるから、一挺二〇〇両でできる。現有の新式砲は三挺だから、残り二一挺製《つく》れば合計二四挺になる。一挺二〇〇両で二一挺だから、この分四二〇〇両。
一、野戦砲。五〇〇目くらいの「錬鉄《れんてつ》筒」一六〇挺、一挺五〇両として八〇〇〇両。
一、手筒。二尺五寸以上の「雷帽銃」数千挺。代金七〇〇〇か八〇〇〇両。この金は、他藩への大砲、小銃の転売で作る。
〈水軍〉
一、小軍船二四隻。一隻一〇〇両として、二四〇〇両。
一、海軍兵士。貧窮の下士を一人四石で雇う。費用は奥医師などの高禄者や三〇〇石以上の者の禄高削減で賄う。
一、大軍艦購入に向けて乗組員の増員と訓練が必要。江戸詰めの中小姓から二〇人くらい選抜して三年交代で訓練する。
〈台場の縮小〉

(早くから佐久間象山《さくましょうざん》や勝海舟らの洋学者が主張してきたのは、軍艦の増強と砲台の整理であったが)伊地知も文久三年の時点で、不要な砲台を整理して二ヵ所にすべての大砲を集中することを提唱している。(以上前掲『大久保利通関係文書』第一巻、五〇〜五

一頁より）

後発国の開発独裁体制では、改革指導者とテクノクラートとは通常別の存在であり、二一世紀の日本でも、政党指導者が同時にテクノクラートであることは稀《まれ》である。テクノクラートは官界か実業界が握っている。

これに対して、幕末薩摩の改革者のなかには、伊地知のようなテクノクラートそのもののような人物も存在していたのである。

軍事指導者としての伊地知は、軍事技術とそれを賄う資金の捻出に加えて、軍艦運航に際しての組織や規律についても、きわめて具体的な提言を行っていた。今から一世紀半も前の一八六四（元治元）年の軍艦内規則には、「船将壱人」の下に「測量方三人」が置かれ、三人のうち一人は「看板上に兀座《こつざ》」して、「風幷《ならびに》潮勢の順逆、蒸気走り帆走等変有之節」に船の速度や方向を変えることが明記されている。他の二人のうち、一人は船室で自船の位置を海図でチェックし、残りの「壱人は常に休息」する（同前書、五六頁）。二〇〇八年に起きたイージス艦「あたご」の海難事件を、伊地知は何と見たであろうか。

伊地知の作った規則には、他にも起床、朝食、銃砲の手入れ、夕食、就寝の時間などが細かく定められている。彼はこのような細かい規則が必要な理由を、次のように記している。

「数百の人力を一にして万里の波濤を凌《しの》ぎ大功を可立《たつるべき》の蒸気船に於ては、上下職分の規則能々《よくよく》相立、数十日猶一日にこれなく候ては相済みまじくと奉存候」（同前書、五六～五七頁）

このように軍事面でのエキスパートであった伊地知は、先に2節で紹介したように、政治改革構想の面でも、西郷、大久保、小松、吉井たちと同水準のものを持っていた。しかも、一八六八年一月（慶応三年一二月）の王政復古に際して彼が抱いていた、徳川慶喜を議長とする封建議会という構想は上記四人のそれと正面から対立するものであったことも、すでに記した。

ここで付け加えておきたいのは、伊地知の主張はさらに、島津久光や大久保利通の主張する慶喜の「辞官納地」（将軍職だけではなく内大臣の官位を辞し、公称八〇〇万石の領地も朝廷に返上する）にも正面から反対するものであったという点である。先に紹介した一八六七年旧暦一一月の意見書のなかで、伊地知は次のように論じている。

「徳川預知行高御減少の儀、先《ま》ず如何に御座候。子細は彼所謂《いわゆる》八百万石の内、多分は是迄旗本其外へ分与し、又は弐百年来彼ク彼ク《（ママ）》扶持《ふち》にて渡世いたし候もの数十万人に不下《くだらぬ》事ゆえ、万一御減地共相成候ては数十万人空敷《むなしく》途頭に餓死せんよりは、勿《たちま》ち心を変じ、別に一個の〔足利〕尊氏を擁立し、世は大乱と相成候砌《みぎり》は、大に夷人の術中に陥り可申、夫《それ》は扨置《さておき》王政の初に当て民手足を措処なきの御命令にては、天禄永終の御場合歟《か》と深く奉恐入候、よって領地等の儀は是迄の通にて、治乱の御入費筋悉《ことごとく》彼に仰付られ候方にも御座これあるべく哉と奉存候」（同前書、六二頁）

大政を奉還した徳川家に、内大臣の地位と旧領八〇〇万石を維持させよという主張が、薩摩藩の有力指導者によって唱えられていたのである。

しかし、薩摩藩指導者の同志的結合は、このような意見の対立を乗り越えて維持された。一八六八年旧暦一月三日に徳川慶喜が兵を挙げたのは、大久保利通や西郷隆盛が伊地知の意見を退けて、慶喜に「辞官納地」を強要したためである。しかるに、この徳川軍の進軍を鳥羽・伏見で迎え撃った薩摩兵二〇〇〇の総監軍は、他ならぬ伊地知であった。「辞官納地」に反対した者が薩摩藩軍の総指揮を委ねられているのである。相当に大きな問題に関する意見の相違が行動における分裂をもたらさなかったことは、幕末薩摩藩の強みであった。藩内の意見の多様性は、幕府や他藩の指導者との交流網を多様化する。行動の一致は幕末第二の大藩たる薩摩藩の力を、決定的な場面において総結集させる。群雄が割拠する幕末政局を念頭に置けば、この多様性と凝縮性が、薩摩藩に他の追随を許さぬ力を与えたことは想像に難くない。

6　薩摩武士の同志的結合

同志間の情報共有

以上では、幕末薩摩藩改革派のなかから、吉井友実、小松帯刀、伊地知正治の三人を選んで、その「多義性」「独断専行性」と、それを支える同志的結合の強さを検討してきた。主な資料は大久保利通宛の彼らの書簡と勝海舟の日記であるから、この三人に見られる特徴は、大久保利通にもあてはまると考えていいであろう。

また、前節の記述に西郷隆盛があまり顔を出さない理由は、一八七三（明治六）年一〇月の征韓論分裂以前における大久保と西郷の固い結びつきは、改めて分析するまでもないからである。ちなみに、一八五九（安政六）年から一八六八（明治元）年いっぱいまでの一

○年間に西郷から大久保に送られた手紙は一一四通も残っており、このことだけからも、両人の長年の同志的信頼の厚さは十分に推測できる。

一一〇年間に一一四通ということは、西郷は一年に平均で一一通以上の手紙を大久保に送ったことになる。二人が鹿児島や京都に同時に滞在していた時には手紙は必要なかったであろうから、両人が離れている間の手紙の往復はきわめて頻繁だったはずである。しかも、メールはもとより飛行機も鉄道もなかった時代であるから、手紙を受け取った即日に返事を出しても、差出人に返事が届くのは約二週間後のことである。どんなに筆まめに手紙を書いても、往復書簡は二週間に一通、一ヵ月に二通、一年間に二四通である。それを考えると、西郷が平均で毎年一一通の手紙を大久保に出していたというのは、驚くべき数字である。

同じことをこれまで述べてきた吉井、小松、伊地知の三人について見れば、一八六八（明治元）年末までに大久保に送った手紙の数は、吉井が二九通、小松が九七通、伊地知が三二通である。大久保との関係では、小松が西郷につぐことを示唆している。ただし、吉井や伊地知が大久保と滞在地を同じくしていた時間が長ければ、事情は違ってくる。

ところで、これを手紙の受取人の大久保利通から見れば、一八六一（文久元）年以後にかぎっても、西郷から一〇九通、小松から九七通、吉井から二九通、伊地知から三二通で、合計二六七通を明治元年末までの八年間に受け取ったことになる。薩摩藩改革派のなかで大久保に信頼されていた者は、この他にも海江田信義、岩下方平《いわしたまさひら》（一八二七～一九〇〇年）、税所篤《さいしょあつし》（一八二七～一九一〇年）、内田政風《うちだまさかぜ》（一八一五～一八九三年）ら多数いたから、大久保が受け取った書簡の総数も、彼が自ら返書を認《したた》めた数も、この何倍かに達していたであろう。

今日の我々には想像もつかないほどの筆まめさに支えられて、西郷隆盛や大久保利通らの薩摩藩改革派は、鹿児島にあろうと京都藩邸にいようと江戸屋敷に住もうと、朝廷、幕府、有力諸藩の動向をお互いに共有することができたのである。

幕臣勝海舟の日記を見てもわかるように、このような筆まめさは薩摩藩改革派にかぎられたことではなく、幕末の有志の多くに共通していたにちがいない。薩摩藩改革派の特徴は、視野の広さと状況適応力とそれを支えた団結力とにあった。しかし、彼らの内容豊かな多数の手紙を読んでいると、筆まめさまでも彼らに固有の特徴だったのではないかという錯覚に陥りそうである。

京都の雅び

頻繁な手紙の往復は、同志間の情報共有という政治的必要だけに支えられていたわけではない。先に記したように、彼らは鹿児島にいない時には、たいてい京都か江戸か大坂に滞在していた。京都から鹿児島に戻った者は、いま京都で優雅な生活を送っている同志を羨《うらや》む気持ちがあり、逆に京都にいる者は郷里の同志にその楽しみを吹聴したい気持ちがあった。このことは、単に彼らが筆まめであった一因を示すだけではなく、一八六八（慶応四・明治元）年に彼らが官軍として江戸に進軍した時に、天下の江戸文化に圧倒されてしまわなかった一因をも示唆するものなので、ここで二、三の例を記しておきたい。

その一例は、京都滞在中の小松帯刀が郷里の大久保利通に送った書簡と、立場を変えて、鹿児島に戻った小松が京都滞在中の大久保に宛てた書簡の対比である。一八六四（元治元）年旧暦六月二日に、京都にいた小松は鹿児島の大久保に次のように書き送っている。

「不相替《あいかわらず》吉井抔《など》元気咄とも承候事に御坐候。既に祇園会《ぎおんえ》と申時分に相成、賑々敷哉《にぎにぎしきや》に被聞申候。御立後壱日も祇園辺へ踏出し不申、噂共に承位に御坐候」（前掲『大久保利通関係文書』第三巻、一八六頁）

「祇園会」は祇園祭の正式名称であるが、後の方の「祇園辺」云々は、お祭りのことではないかもしれない。「吉井抔元気咄」の内容も想像したくなる。つい先日まで祇園でともに遊んだ大久保に、その後の祇園情報を控え目に送った手紙のように思われる。

それから約一年後、今度は小松が鹿児島から在京の大久保に、京都への想いを書き送る番であった。一八六五（慶応元）年旧暦閏《うるう》五月一五日に、小松は大久保に次のように書いている。


「月頃の歌ども寸暇も有之候わば詠じ差上候心得御坐候得共、昼夜寸隙も不得、中々歌どころでは無御坐、兎角場所の物と被存申候、夕べ涼しき加茂の川かぜの事共、遥におもいやり申候」（同前書、二二七頁）

この一文は、滞京中に加茂川のほとりで和歌を詠じていた頃を懐かしんでいるものといえよう。祇園祭の手紙といい、和歌は「場所の物」というこの手紙といい、薩摩武士たちは京都の雅《みや》びに相当浸っていたのである。

和歌といえば、吉井友実もかなり嗜《たしな》んだようである。同じ頃に彼が鹿児島の西郷と大久保の両人に宛てた手紙には、「追て志［信］貴山をこし竜田に泊り翌日はなら［奈良］にいたり、若草山の麓に泊る妙なり。（中略）萌出《もえいず》る若草山にねたる夜はいつより妹《いも》を恋わたる哉《かな》。御一笑」とある（前掲『大久保利通関係文書』第五巻、三四四頁）。また八月の京都の十五夜にからめて、吉井は大久保に次のように書き送っている。

「歌は追々さかんに御坐候。毎々程岩下〔方平〕先生など打つれ東西の山々散歩に日をくらし申候。近ごろ別の楽みは一向不面白、何より山水の楽み面白御座候。十五夜には上立売例《かみたちうり》の席にて、岩下、内田〔政風〕、西郷〔隆盛〕四人にて月見相催申候。外は別会被相催候由」（同前書、三四五頁）

「上立売例の席」は京都御所近くの料亭であろう。西郷隆盛をはじめとする薩摩武士が十五夜を御所近くで眺めて盃を酌み交わしたり、（西郷の参加不参加はわからないが）東山の、のちの哲学の道や西山の嵯峨野辺りを散策していたのである。また、和歌好きの吉井にとっては、信貴山から竜田川を経て若草山の麓にいたるというのは、万葉から新古今にいたる名歌の跡を辿《たど》る意味があったであろう。

島津斉彬以来、欧米文明の吸収という点では鹿児島は江戸にそう遅れはとっていない。それに加えて、祇園や加茂川や御所の月などを楽しみ、和歌作りや名所見物をする時間も、無骨な薩摩武士は作っていたのである。田舎者の鹿児島武士は、欧米文明についても日本文化についても、「東夷《あずまえびす》」の江戸人たちに引けをとらなかったように思われる。

7　柔構造の近現代

国民一般の柔構造

第二部を締めくくるにあたって、我々の柔構造の分析から派生する二つの問いを読者に投げかけておきたい。本書はその答えを準備することはできないが、将来の考察のための覚書としてここに記しておきたいのである。その第一は、国民レベルの柔構造に関する問題であり、第二は、現代における柔構造の再生の可能性である。

日本の言論界では、大衆を語らずに指導者を語ることは評判が悪い。幕末の世直し一揆、明治の秩父事件、昭和の小作争議に関する研究書は、語の真の意味で枚挙に遑《いとま》がない。しかし、近代日本のエリートたちの長所と弱点に的を絞った研究は、明らかに少数である。本書で我々は、この欠落を補うことに的を絞った。

しかし、論証までは不可能だが、最も進んだ柔構造を身につけた薩摩藩改革派が幕末維新政局を支配できた理由の一つは、国民の側もそれを歓迎したためだったという推測は成り立つ。明治維新から二一年後に憲法が公布され、翌年には議会が開設されようとしていた時、若き日の徳富蘇峰《とくとみそほう》（一八六三～一九五七年）は、次のような注目すべき一文を『国民之友』に載せている。

「吾人は曾《かつ》て我が国民の性質の、幾分か仏国国民の性質と類似したる所のものあることを陳述したりき。（中略）仏国民も常に極端より極端に走り、我が国民も極端より極端に走ればなり。然れども詳《つまびら》かに之を観れば、又其の間に大いなる径庭《けいてい》［へだたり］あるを発見せずんば非らず。何となれば等しく極端より極端に走れども、我が国民は或る度の中に於て、極端より極端に走り、仏国民は或る度の外に於て、極端より極端に走ればなり」（『国民之友』第五〇号、民友社、一八八九年五月一一日、二頁）

フランス大革命と柔構造の明治革命とをくらべれば、詳細の知識はなくとも、青年蘇峰の主張はよくわかる。王妃をギロチンに掛けた革命家自身がギロチン台の露と消えたり、人民革命のつもりがナポレオン三世を皇帝に迎えたりという極端なことは、明治革命では起こらなかったからである。おそらく蘇峰は、「或る度の中」において「極端より極端に走」った明治革命として、「尊王攘夷」から「開国進取」への急転をイメージしていたものと思われる。しかし、この百八十度の大転換が見掛けだけのものであり、実際には本書が分析してきたように、明治革命は複眼的な思考と行動を許す柔構造によって達成されたことに、蘇峰は気づいていたのである。彼はこの点について、次のように記している。

「我が維新の大革命の如きは、実に我邦の歴史上に於て、空前絶後の大活劇にして、此《かく》の如き変化を遂げんと欲するには、之を各国の例に徴すれば、実に非常なる代償を払わざる可《べ》からざるに、我邦に於ては却て然ることなく、三百年来の将軍職も、弁士の舌頭にて容《た》易《やす》く之を辞せしめ、（中略）当時の革命家が外科的の切開術を施したるは、実に其の国家をして一生一死一存一亡の危《か》機を踏ましめたりしに関わらず、更に国民に向って魔睡剤を投ずるを要せず、（中略）彼の維新の大革命も、外科医が鋏の先にて腫頭を切るよりも容易なりしを見れば、我が国民の性質亦《また》知るべきのみ」（同誌、四頁）

ここで蘇峰が指摘していることは、本書の「柔構造モデル」と符合しているが、彼はさらに一歩を進めて、指導部の柔構造は国民一般の柔構造によって支えられていたと推測している。我々は、指導部の柔構造についてはある程度実証できたと考えているが、蘇峰のように国民レベルでの柔構造までは踏み込めない。実は明治の若きジャーナリストも、山《やま》勘《かん》で述べているだけで、実証はもちろん、論証もしたわけではない。

しかし、実証も論証もできないながら、国民一般の柔構造という蘇峰の指摘は妙に説得的である。国民一般が柔構造とは逆の「硬構造」の持ち主であったならば、すなわち国民がそれぞれ単一目的をイデオロギーとして追求する諸集団に分裂していたならば、彼らの指導部が複数の国家目標を自由に使い換えたり、提携相手を頻繁に変えたりすることは、国内に混乱を引き起こしかねないからである。

ここで我々が提起しておきたいのは、政治における「柔構造」の概念を指導部のみならず国民一般にまで拡大することにより、その両者の関係を論じることを通じて、大変革期や危機に直面する国の対応力や安定性を分析できるのではないかという仮説である。

この視角を出発点として、さまざまな設問を発することができるであろう。たとえば、柔構造的な指導部が柔構造的な国民を率いるシステムが、いつでも明治維新のような良結果をもたらしうるかという問いである。大変革の成功のためには、おそらく我々の考察外にある追加的条件が要請されるかもしれない。あるいは、硬構造的な指導部が柔構造的な国民を指導する場合もあろう。さらにいえば、指導部と国民の双方が同時に柔構造を失う瞬間もないとはいえない。そのような場合に何が起こるのかについては、本書の延長線上では論じがたい。我々が分析してきたのは、指導部が柔構造的であった幕末維新期のケースだからである。ただし、後二者の経験が我が国の歴史になかったわけではないことは、昭和前半期（一九三一～四五年）のいわゆる「十五年戦争期」を想起すれば明らかであろう。「十五年戦争期」の前半には軍部などの「硬構造的な指導部」が「柔構造的な国民」を指導し、その結果としての後半期の総力戦体制下では、指導部も国民も〝無責任体制〟に陥ってしまったのである。

日本の民主主義の再発見

ところで、これまでの日本近代史研究が指摘しつづけてきたように、明治期に日本に成立した「近代国家」にはさまざまな歪《ひず》みが生じていた。そしてその歪みは今日においてさえ完全に解消されたとはいえない。往時のイギリス、今日のアメリカとくらべれば、日本の民主主義は戦前はもちろん戦後においてさえ畸形《きけい》である。いっぽう経済すなわち「富国」について見れば、日本はアメリカ以外に負けないと思ったことは戦前にも戦後にもたびたびあったが、この幻想はそのたびに裏切られ、二一世紀の今日にもふたたび裏切られようとしている。

「強兵」だけは戦前日本の誇りであったが、一九四一（昭和一六）～四五（昭和二〇）年の対英米戦争での苦い経験により、その後六〇年以上にわたって「強兵」という言葉は日本人のタブーになった。「富国強兵」と「公議輿論」からなる幕末維新期の日本の指導者たちの夢は、そのどちらにおいても、一世紀半後の今日に至っても完成していないのである。

しかし、研究者たちが指摘しつづけてきたこのような諸弱点も、比較の対象を欧米以外の発展途上国に置き換えれば、むしろ長所として再発見される。弱点だらけの日本の民主主義も、いまや経済大国となった中国のそれよりははるかに欧米に近い。経済においても、「ジャパン・アズ・ナンバー・ワン」の時代は終わったとしても、今日のアジア、中近東、中南米、アフリカを見渡しても経済力や技術力において日本を凌《しの》いでいる国はまだない。幕末維新期に確立された政治と経済の改革路線は、その後の展開に大いに問題があったにせよ、後発国の近代化の出発点としてはかなり完成度の高いものであったことは否定できないであろう。

柔構造と現代日本

本書の第一部と第二部で明らかにしたのは、幕末維新期（一八五八〜一八八一年）の変革指導者たちの三重の柔構造である。彼らは国家目標を、たとえば「富国強兵」一本に絞らず、いつも複数の目標を視野に収めていた。また彼らは、自分たちのグループだけで権力を握ろうとはせず、いつも競争相手との合従連衡に努めていた。さらに彼ら自身も、どこにホンネがあるのか疑わしくなるほどの柔軟性を身につけていた。このような「柔構造」的な指導部に率いられて、一九世紀後半の日本は、比較的に民主的で、比較的に豊かで、比較的に強い近代国家に生まれ変わったのである。

注意してもらいたいのは、本書でいう柔構造的な指導部とは優柔不断な指導部とはまったく違うという点である。複数の国家目標に同時に眼を配れるという第一の柔構造は、単に柔軟であるだけでは成立しない。指導部全体が知的に相当高度であることが大前提なのである。この第二部に登場した西郷隆盛、大久保利通、勝海舟、吉井友実、伊地知正治らを思い起こせば、このことはすぐに納得できるはずである。

第三の柔構造についても、同じことがいえる。指導者が可変性と多義性を持つということは、日和見《ひよりみ》主義とは別のことである。彼らは複数の国家目標について大枠での共通理解を持っていたからこそ、かなり自由に、その時々の目標のウエイトを変えられたのである。また、そのような可変性は、一人か二人のトップリーダーだけが持っていたものではなく、指導部を構成する多数の人びとによって共有されていた。この点は、薩摩藩指導部についてやや詳しく見たとおりである。指導部の可変性は、その同志的な団結によって支えられていたのである。

本書であえて「合従連衡」と呼んだ第二の柔構造が、無定見な野合とはまったく別物であることも、また多言を要さないであろう。

幕末維新期に見られたこうした三重の柔構造が、それ以後の日本にどの程度存在していたのかという問題は、いうまでもなく本書の射程を越えた研究課題である。しかし、その後の戦前日本でも戦後日本でも、本書で提示したような柔構造的な指導部が存在しなかったことは、詳細な分析を待たずとも明らかではなかろうか。

かつて日本は「経済一流、政治三流」といわれた。今日の日本は、後者には若干の変化が見られるのに反し、前者の方が「二流」に落ちかかっている。「経済二流、政治二流」に変わってきたともいえる。そのような眼前の自国を見るとき、黒船来航を機に大変革を遂げたかつての日本の姿に惹きつけられる。事は古代日本の話ではなく、わずか一世紀半前の話である。その血は、今日の日本の指導者たちにも受け継がれているはずである。本書の主目的は幕末維新期の政治分析であるが、その裏の目的があるとすれば、それは「柔構造」を身につけた指導部を、二一世紀の指導者に取り戻してほしいという願いなのである。各界の指導者の奮起を祈ること切である。

第三部　江戸社会——飛躍への準備

「柔構造」を生み出した諸条件

第一部では、幕末維新期を切り拓いた指導者たちの「柔構造」を分析し、それが生み出した政治のダイナミズムのもとで、憲法制定、議会創設、殖産興業、対外進出という四つの国家目標が明治半ばまでに同時達成されたことを論じた。第二部では、この変革の担い手であった幕末雄藩を「柔構造」の観点から相互比較し、とりわけ薩摩藩指導部の卓越した柔軟性と統一性を史料をもって立証した。

ここでさらに、それではなぜ薩摩藩が他藩を制する政治的実力を獲得しえたのかと問うことは可能かもしれない。だが我々は、明治維新という歴史上の大事件を説明するために、原因の原因を微細に向かって際限なく問いつづけることはしない。我々の提示したモデルはすでに十分な立体構造をもっていると思われるからである。むしろこの第三部では、歴史の現場から一歩退いて、より巨視的な視座から、幕末維新期にいたる日本の歩みのなかより、そのような「柔構造」を生み出した諸条件を抽出してみたい。幕末維新期に有能な政治リーダーを日本各地に叢生《そうせい》させ競争させることに成功した社会のエトス、およびその源泉を問うことは可能であるし、有意義でもあるからである。

明治維新の歴史的背景を考察する際には、時間的視野の区別が重要である。まず短期的あるいは直接的な契機として、ペリー来航や開港などの事件が発生した一九世紀半ば頃に成立していた、幕末期の政治経済社会の諸状況を把握する必要がある。次に、江戸時代を通じて徐々に醸成され、幕末期にそのような諸状況を生み出すにいたった、より長期的な構造要因を指摘しておくことが肝要である。

さらに我々は、やや無謀な試みかもしれないが、我が国の全史を通じてその社会変容を連続的かつ累積的なものにし、ゆえに日本の歩みを他国とくらべてきわめてユニークなものにした深層条件（「梅棹理論」）を、一つの仮説として紹介しておきたい。

以下我々は、この三段階の議論を、深層条件、構造要因、直接的契機の順に奥から手前へとたどっていくことにする。

1　日本社会の累積的発展

日本史の構造的特徴

植民地主義が吹き荒れていた一九世紀という過酷な時代に、非欧米諸国のなかで、なぜ日本だけが列強の圧力に屈することなく、同世紀半ばから二〇世紀初めにかけてのわずか半世紀の間に、後進農業国から欧米に肩を並べる「一等国」にまで駆け上がることができたのか。

おそらくこれは、日本史を学ぶ者にとっての核心的な問いであり、あるいは、いままさに貧困と停滞の軛《くびき》から自国を脱出させせんと努力を重ねている途上国の政治家や開発官僚にとっては、現代的な意義をはらむきわめて切実な問いでもある。

この問いに正面から答えるには、幕末維新期の諸事件や明治政府が採用した諸政策を羅列するだけでは済まないことは明らかであろう。ここで必要なのは、国際比較の観点から、我が国の歴史がもつ構造的特徴を発見する作業である。

二つの力

まず最初に確認しておきたいことは、いかなる時代、いかなる国においても、歴史は内部の力と外部の力の相互作用によって展開していくという事実である（前掲大野健一『途上国ニッポンの歩み』）。各国の基層社会は独自の生態系と歴史を背後にもっており、そこには国ごとにユニークな性格と構造が刻印されている。ある社会に含まれるさまざまな制度や精神や文化は互いに依存しており、全体として一つのまとまった姿をなしている（これを「制度的補完性」という）。

たとえば、かつての戦後日本には学歴主義、終身雇用、年功序列、政府介入、労使協調といった制度的要素が相互に強めあう形で存在し、いわゆる「日本型資本主義」を形成していた。このうちの一要素のみを修正ないし除去しても、システムの復元力が働いて、日本型資本主義の基本性格が変容することはない。

各社会はそれ自身の論理とメカニズムによって内的に展開する傾向をもち、実際に外からの影響が比較的少ない時代には、主として内力のみによって歴史が進行する。この進行は、例外はあるものの、通常はかなり緩慢であり、また過去からの強い連続性をその特徴としている。

だが、いったんこの社会が外からの強いインパクトにさらされるとき、内的均衡は崩れて、その国は以前進んでいた軌道からの逸脱を余儀なくされる。もし外的な力に対する国内の反応が十分強く適切であれば、その社会は新たな生命を吹き込まれてダイナミックな展開を開始する。だがもしその反応が弱かったり、統一性を欠く場合には、社会の安定は失われ、最悪の場合には、内乱や外国支配によって、基層社会そのものが解体させられてしまう危険性さえはらむのである。

ここで重要になってくるのが、この「危機」を乗り越える先導者としての政府の役割である。政府はもとより基層社会の一部分をなすが、同時に、外力の侵入に際して社会の対処方針を決め、その実施を陣頭指揮することもきわめて重要な任務である。すなわち政府は、社会変容を行うべき主体でもあり自らも変容せねばならない対象でもあるという意味で、二重の性格を有している。政府の打ち出す政策の巧拙が、外圧のもとでのその国の運命を大きく左右するのである。

すべての社会は、この内力と外力の二つの力によって突き動かされている。もちろん、ある国のある時代をとってみれば、いずれかの力が強く他方が弱いのがふつうである。

我々が考察している幕末維新期は、「太平の眠り」を打ち破った欧米列強という強烈な外力になんとか応接しながら、日本を世界に誇れる国に大改造するという、対外課題が優先した時代であった。また現在の途上国も、民間活力の未熟と政府能力の不足のもとで、さまざまな外圧に耐えながら、いかにして自らを失わない発展の道を見出すかという、やはり外力に大いに支配されざるをえない歴史を歩まされているのである。

他方、産業革命を最初に経験した一八～一九世紀のイギリスにおいては、国内の技術革新と生産力の飛躍的増大こそが社会変容の主たる動因であった。しかしその場合においてさえ、近隣諸国との関係やアジア・アフリカへの進出が同国の歴史を補完的に形づくったことは否定できない。いずれにせよ、ある国の歴史に注目すれば、内力と外力の相対的影響は時代を経て変遷してきたといえる。

「システム転換」

しかしながら、ここで注目すべきことは、産業革命以降の世界においては、「開発」ないし「発展」という言葉は、自国に内在する諸要因が徐々に成熟することによって引き起こされる経済変容という意味ではなく、後発国が既存の国際社会に飛び込むことにより、違和感のある外来要素を強制的に輸入し、国内の制度や文化を根本的に変えていくという「システム転換」として理解されるようになったという点である。

各国は対外接触を極力回避するのではなく、むしろグローバル・システムに組み込まれ、そのルールを積極的に受け容れたうえで、自国の繁栄の道を模索するほかないのである（大野健一『途上国のグローバリゼーション』、東洋経済新報社、二〇〇〇年、第一章）。これは幕末維新期の日本にも現代の途上国にも突きつけられた共通課題である。そして、その結末は必ずしも明るいものではないことは、対外開放によって多くの途上国に経済危機や国内動乱がもたらされたという事実、あるいは経済援助の提供や貿易上の優遇にもかかわらず、数のうえではいまだに経済離陸を達成できていない途上国の方が多いという事実が如実に物語っている。後発国にとって国際統合とは、自国の歴史におそらく一度しか訪れない、きわめて冒険的な過程なのである。

漱石の警告

夏目漱石は、明治末の一九一一年に行われた「現代日本の開化」と題する有名な講演において、強力な外圧に耐えなければならない途上国ニッポンの悲哀を鮮明かつ滑稽に描いている。

「西洋の開化（即ち一般の開化）は内発的であって、日本の現代の開化は外発的である。ここに内発的というのは内から自然に出て発展するという意味で丁度《ちょうど》花が開くようにおのずから蕾《つぼみ》が破れて花弁が外に向うのをいい、また外発的とは外からおっかぶさった他の力でやむをえず一種の形式を取るのを指したつもりなのです。（中略）少なくとも鎖港排外《さこうはいがい》の空気で二百年も麻酔《ますい》した揚句《あげく》突然西洋文化の刺戟に跳《は》ね上った位強烈な影響は有史以来まだ受けていなかったというのが適当でしょう。日本の開化はあの時から急劇に曲折し始めたのであります。また曲折しなければならないほどの衝動を受けたのであります」（三好行雄編『漱石文明論集』、岩波文庫、一九八六年、二六頁）

「日本の現代の開化を支配している波は西洋の潮流でその波を渡る日本人は西洋人で

ないのだから、新らしい波が寄せる度《たび》に自分がその中で食客《いそうろう》をして気兼《きがね》をしているような気持になる。(中略)食膳に向って皿の数《かず》を味い尽す所《どころ》か元来どんな御馳走が出たかハッキリと眼に映じない前にもう膳を引いて新らしいのを並べられたと同じ事であります。こういう開化の影響を受ける国民はどこかに空虚の感がなければなりません。またどこかに不満と不安の念を懐《いだ》かなければなりません」(同前書、三三頁)

「これを一言にしていえば現代日本の開化は皮《ひ》相上滑《そううわすべ》りの開化であるという事に帰着するのである。(中略)我々の開化の一部分、あるいは大部分はいくら己惚《うぬぼ》れて見ても上滑りと評するより致し方がない。しかしそれが悪いからお止《よ》しなさいというのではない。事実やむをえない、涙を呑んで上滑りに滑って行かなければならないというのです」(同前書、三四頁)

漱石は、外海から寄せ来る大波に右往左往する日本人の苛立《いらだ》ちや不安を解消する名案は自分には見当たらない、「出来るだけ神経衰弱に罹《かか》らない程度において、内発的に変化して行くが好《よ》かろう」(同前書、三八頁)と言うほかはないという。しかしながら、明治日本の苛立ちと不安の程度は、類似の挑戦に直面する他の後発国とくらべて大きいものだったといえるだろうか。

第一部と第二部で幕末維新期の政治の柔構造を分析し、また同時に現代の多くの途上国の実情を知る著者らにとって、漱石の警告は——日露戦争の勝利に酔う国民に謙虚さを説くという目的があるにせよ——やや悲観に傾き過ぎるように思われる。むしろ幕末から明治にかけての時代は、後発国の国際統合というきわめて困難な事業を先陣を切って成功させたという意味において、たとえ国民の精神的動揺はあったにせよ、実に驚嘆すべき偉業を成し遂げた時代として受けとめることができるのではないか。

「翻訳的適応」

明治日本の国際統合が成功した理由は、それが国際社会への受動的な「組み込まれ」ではなく、能動的な「翻訳的適応」として実行されたからである。翻訳的適応とは、経済人類学者前川啓治によって提示された概念である（前川啓治「文化と文明の連続性——翻訳的適応論序説」、『比較文明』第一〇巻、一九九四年）。

周辺部に位置する国が世界システムに参加しようとする時、その国は既存の巨大な国際秩序（たとえば世界市場経済や欧米型民主主義）に呑み込まれるように思われるだろう。それはあたかも、後進的とみなされる自国の伝統文化や社会構造を放棄し、進歩的とされるグローバル・スタンダードへの改宗を強制されるように、外からは見えるかもしれない。先進国と後発国の間に存在する否定しがたい力の差を考えれば、これはある意味で当然のことである。

しかしながら、呑み込まれるはずの弱小国は、必ずしも受動的にこの運命を受け容れるとはかぎらない。前川によれば、理想的な国際統合のプロセスにおいては、むしろ途上国がイニシャティブをとってその統合条件を決定し、自国の主体性、社会の連続性、国民の自尊心、および民族のアイデンティティーの持続を確保しなければならないのである。外的要素の輸入によって、その国は当然変わっていくが、その変化の方向や速度を決めるのは外国人や国際機関ではなく、自国の政府と国民なのである。この時、外来の概念や制度や技術は、国内への導入にあたり欧米発のオリジナルの形ではなく、受け容れ国側のニーズに合わせて適宜修正される。もしこのような国際統合が実現するならば、社会変容にさらされる国は実は弱くもなく受け身でもない。その国は、外的刺激を自らの成長のために最大限利用しているのである。これが翻訳的適応の意味であり、前川によると、明治日本はこれを敢然と実行した国なのである。前川自身の言葉で語らせよう。

「非西欧社会が強力な西欧文明の体現者に遭遇した際、その影響から逃れることはほとんど不可能である。場合によっては接触後短期間のうちに根絶された民族もある。しかし、同時に多くの民族ないし社会は自らの存続のため（あるいは自ら好んで）、外来の西欧の諸制度やモノを受容してきたのである。しかし、重要なのはその際、そうした西欧起源の事物をもとのまま受容したわけではない点である。（中略）これまで「近代化」という言葉でいわれてきたものの実際は、こうした既存の文化の形式の連続性の中での、西欧起源の文明への適応的受容のことであった。つまり、既存のシステムの担い手が、西欧文化＝文明の各要素を自らの世界観のなかで読み換えて理解し、既存の制度をずらしながらもその原理を維持し、それらに対応＝適応してきたのである。これを私は、「翻訳的適応」という概念でとらえている」（前川前掲書、一〇九〜一一〇頁）

それならば、なぜ日本は「翻訳的適応」に成功したのだろうか。通常我々は、幕末日本は世界の趨勢《すうせい》から取り残された極東の貧困農業国であったと考えている。欧米列強の圧倒的な軍事力と経済力を目の当たりにして跳び上がるほど驚いたというのが、漱石を含む当時の人びとのごく普通の歴史認識であり、また現代の我々もこの見解を踏襲している。しかしながら、比較文明論の梅棹忠夫は、そのような江戸日本観はまちがいであると断ずる。彼は、当時の日本には工業国として頭角を現すための資格がすでに備わっており、ゆえに明治日本がたった半世紀で「一等国」にキャッチアップできたことには何の不思議もないというのである。

大陸からの絶妙な距離

日本と西欧の特殊な地理的位置に注目する「梅棹理論」は、彼がアジア、アフリカ、ヨーロッパなどを歴訪し、そこでの人類学のフィールドワークで得られたインスピレーションにもとづいて、一九五七年に発表された（梅棹忠夫『文明の生態史観』、中央公論社、一九六七年。改版、中公文庫、一九九八年）。

それによると、世界のなかで日本と西欧はきわめてユニークな二地域なのである。両者は広大なユーラシア大陸の東と西の両端に位置している。気候も温暖である。さらに重要なことは、両者がユーラシア大陸の中央乾燥地帯を移動する遊牧民族からの激しい攻撃から比較的よく隔離された位置にあることである。とりわけ日本とイギリスは、大陸からわずかに離れた島国であるという特徴を共有する。大陸から遠すぎも近すぎもしないというこの絶妙な距離は、先進文明の吸収および侵略と破壊からの防衛という二つの目的にとって、きわめて有利な条件を提供してきた。

梅棹の世界観：ユーラシア大陸

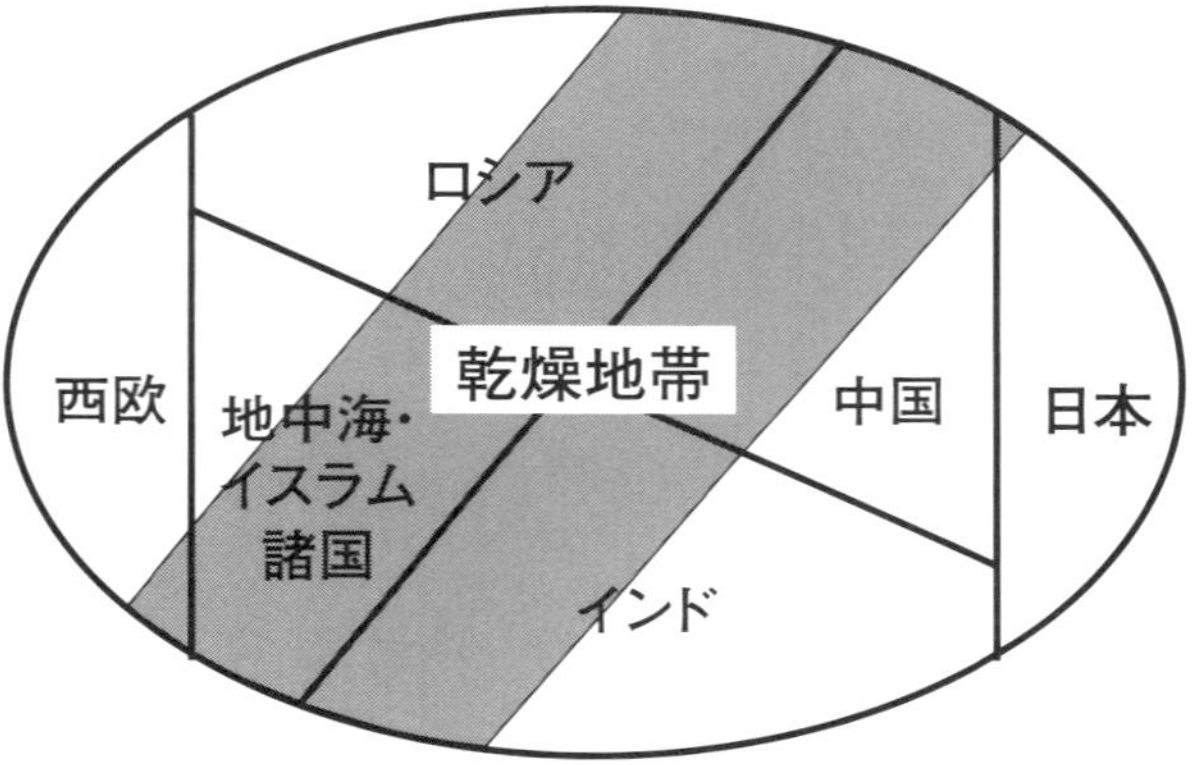

出所：梅棹忠夫『文明の生態史観』、中央公論社、1967年（改版、中公文庫、1998年）、および梅棹忠夫『日本とは何か——近代日本文明の形成と発展』、NHKブックス、1986年、より梅棹氏のコメントを得て作成。

ユーラシア大陸上に存在する国々は、数世紀に一度は遊牧民族からの攻撃を受け、社会は混乱し、略奪や占領にさらされる。さらに、王朝や民族そのものが消滅することさえ珍しくはなかった。逆に、大文明からあまりに隔絶した地域は、先進的な刺激を受けることができず、内力のみによる社会の発展は緩慢である。

この点で、日本とイギリスは、それぞれ海峡を隔ててユーラシアの大文明（中国、インド、イスラムなど）と向かい合っており、優れた文化・制度・技術はかなり流入するし、貿易も自然に行われやすい。もし交流が不足ならば、遣唐使や勘合貿易船などをこちらから派遣することもできるし、逆に内的変容を志向する時にはそれらを中断することも可能であった。さらに、海峡は絶好の防衛線ともなり、自国が異民族の騎馬軍団に蹴散《けち》らかされる確率はかなり低くなる。イギリスは一度だけ、一一世紀のノルマン・コンクェストで外来の王朝が発足したが、日本は一三世紀にモンゴル軍の二度の進撃を食い止めることができたから、はるか後の太平洋戦争は別として、異民族による徹底的破壊を一度も被らなかった。

歴史の累積的進行

侵略を受けるたびにゼロからやり直さなければならない地域においては、社会の発展は長く継続することができない。中国・インド・イスラムの各文明は学問・文化においてそれぞれ輝かしい業績を残したが、社会構造に関するかぎり、彼らは著しく停滞的であった。一つの王朝が滅び次の王朝に代わっても、政治や社会の発展の観点からすると、たいした変化は見られなかった。王朝によって経済運営、異民族政策、中央集権度などに差異は見られたが、時代を越えての有機的発展は確認されなかった。何千年もの間、どの皇帝もどの国王も、賢愚強弱の差はあれ、その意味では基本的に同じだった。そして一九世紀から二〇世紀にかけて、それらの多くの国々は欧米列強の植民地支配を受けることとなった。

これに対して、ユーラシア大陸の周辺に位置する日本とイギリス（西欧）では、自らの要求に従って先進文明を取り入れたり門戸を閉じたりすることがかなりの程度可能であり、国内要素と外国の影響を組み合わせることがはるかに容易であった。そこでは歴史の累積的進行が観察された。

まず古代政権による統一が達成され、そののち権力が徐々に地方分権化していくという過程をたどった。領地を死守する武力集団としての騎士ないし武士が誕生し、彼らに精神的な高潔さが求められたのも、両者に共通な現象であった。社会は、時代を経るに従い封建制の深化へと進んだ。封建制の定義や封建制の日欧比較については面倒な論争があるので、我々はあえて立ち入らない（詳細は、今谷明『封建制の文明史観』、PHP新書、二〇〇八年を参照）。ここでは、封建制を「土地に対する権益の授受を媒介とする主従関係」と教科書的に定義しておいたうえで、この体制が、割拠する地方の政治力と経済力の涵養《かんよう》を可能にしたことに留意しておきたいと思う。

第二次世界大戦前の世界において、産業革命により工業化を飛躍的に増大することができたのは、かつて封建制を経験した国々であった。その最たるものが西欧と日本であって、我々が本書で考察している幕末維新期の日本も、外的刺激を受けながら封建制から産業革命へと歴史を展開させた社会の一典型なのである。

封建制を「門閥主義」と同義に解すれば、それは「親の仇《かたき》」であり文明開化によって打破されるべき悪弊となるが、それを経済社会的に見れば、地方勢力の割拠のもとに政治力と経済力の底上げを可能にし、それが近代的な工場制工業の成立にとっての前段階を提供したという意味で、きわめて重要な時代であった。

なお、西欧と日本以外にも、たとえばエジプトやエチオピアなどにおいても封建制が見られたという報告がある。これらの国についての我々の知識はかぎられているが、封建制の形式や成熟度にはさまざまなものがあるであろうから、すべての封建制が工業化の条件を整備できないことは想像に難くないところである。

日本人の精神構造

内力と外力の交替および大文明からの適度な距離という観点から日本史を見直せば、そこには日本社会が、元来持っている特徴を決して捨て去ることなく、外的要素の吸収と内的展開を幾度となく繰り返しながら、累積的かつ重層的な社会構造をつくりあげてきたという姿が浮かび上がってくる。

日本人の性格は、温帯島国の複雑な地形と繊細な四季が我々の祖先に刻み込んだであろうのっぴきならない性向を基調としながらも、稲作（紀元前三世紀？）、仏教（六世紀）、中国の文化と政治システム（七世紀から一〇世紀初めにかけて）、鉄砲とキリスト教（一六世紀）、西欧との再会（一九世紀半ば以降）、さらには米軍占領下の諸改革（二〇世紀半ば）などからなる外来の諸波に対し、「翻訳的適応」を繰り返すことによって形成されてきたのである。そしてこのうち最大の衝撃は、漱石がいうように、本書が対象とする幕末維新期の西洋化と工業化の波であった。

この変容の連続を通じて、過去の日本と現在の日本はまったく異なる外見を呈するにもかかわらず、日本人の意識のなかで民族的アイデンティティーが失われることはなかった。むしろ、この翻訳的適応過程そのものが日本人の性格の中心部分であるとさえいえるように思われる。

これを日本人の精神構造から見ると、それはあたかもたまねぎのような重層構造をしており、そこでは古い要素と新しい要素が柔軟に共存し、状況に応じてそのなかの異なる部分が表面化してくる。季節の移ろいに対する感受性、稲作文化への郷愁、仏教・キリスト教の使い分け、最先端の工業技術は、何の矛盾もなく日本人のなかに同居している。

これに対して中国社会のあり方はかなり違う。ある中国人の社会科学者は、中国は硬い石の玉のごとくであり、それを取り替えるためには古い玉を爆破して別の色の玉に置き換えなければならない（これを「革命」と呼ぶ）と述べた。

互いに矛盾を起こしかねない雑多な要素を平気で取り込み、目的に応じて適宜取り出すという芸当は、日本人に特徴的な性格であり、どこの社会でも見られるものではない。これをよくいえば柔軟性、包容力、プラグマティズムだが、逆に悪く評価すれば、原理の欠如、節操のなさ、雑種性ということになる。

丸山眞男は、日本人は情緒や経験は豊富だが論理一貫した思考伝統がないと嘆いた（丸山眞男『日本の思想』、岩波新書、一九六一年）。西洋的なロジックからすれば、これはもっともな批判である。だが別の面から見れば、グローバル化した世界のなかで異なる民族、宗教、思想が何とか共存して生きうる世界を築くためには、日本人のいい加減な生き方もまったく役に立たないとはいえまい。

以上をまとめよう。他の非欧米諸国とくらべるとき、日本は数々の外来ショックに比較的うまく対応し、大体においてそれらを自らの変革と成長のために積極的に利用してきたといえるのである。そしてこの繰り返しを通じて、外来の衝撃に対する社会の対応力そのものが次第に鍛えられてきたということもいえるのではないか。この過程を二〇〇〇年もの間経験してきた一九世紀半ばの日本が、欧米の衝撃への潜在的対応力をかなりの程度持っていたということは、必ずしも驚くにあたらないであろう。

2　近代化の前提条件

江戸時代の特徴

歴史を通じて翻訳的適応を重ねてきた日本が、徳川政権の二世紀余にわたる「鎖国」のもとで対外接触を制限し、内的発展を通じて醸成していった近代化の諸条件とは具体的には何か。以下では、幕末期までに準備されたこれらの条件をまず列挙したうえで、それらを選択的に考察していくことにしよう。その諸条件とは次の七つである。

一、政治的統一と安定
二、耕作面積と生産性の両面における農業の発展
三、物流システムの発展と全国統一市場の形成
四、商業・金融の発展、およびそれにともなう富裕な商人層の台頭
五、手工業の発展
六、地方政府（藩）による産業振興

七、教育の普及

これらは、多くの研究者によって指摘されている江戸時代の特徴の最大公約数とみなしてよい。このうち、第一の政治的統一と安定が経済発展のために不可欠であることについては、まず異論がないであろう。第二から第五の条件は、生産力とそれを支える制度・インフラ・社会階層などの発展、およびそれがもたらした民間経済の高度化・多様化とまとめることができる。第六と第七は、現代の開発援助用語でいえば、「政策能力」の向上と「人的資源」の蓄積に関わる条件である。この七条件について最初に述べておきたいことは、次の二つである。

江戸時代をどうとらえるか

第一に、我々は、江戸時代を単に閉鎖的で硬直的な「前近代社会」とはみなしていない。むろん身分制、門閥制、さらには儒教・農本主義・排外主義などを基調とする保守的なイデオロギーがこの時代を支配していたことは紛れもない事実である。ゆえに、その後に展開した民主主義、人権、市場経済、自由貿易といった観点から過去をふりかえる者にとっては、江戸時代のネガティブな面のみが眼に映じることはごく自然なことである。実際、我々の近い祖先たちは、徳川の世を文明開化によって克服されるべき反面教師としてのみ語るというディスコースに陥っていた。ところが最近のレトロブーム・エコブームのなかでは、江戸時代は洗練された文化をもち省エネや資源節約にも優れたよき社会であったという逆の評価が高まっている。

だが我々は、ある時代が善であったか悪であったかを論じたいわけではない。ここで避けたいのは、具体的な史実が語るその時代の多様性や複雑性に眼をつぶって、単純で極端な議論に走ることである。この点にさえ留意すれば、江戸時代にはむろん「悪い面」もあったが、社会安定のもとで活力ある経済発展も進行していたというバランスのとれた歴史観に落ち着かざるをえないのではないか。

江戸日本のレベルの高さ

第二に、江戸社会について真に驚くべきことは、現在においても、これらの七条件を満たす非欧米諸国はきわめて少数であるという点である。実際、経済援助や貿易上の優遇を長年享受しているにもかかわらず、これらの条件を完備した途上国はほとんどないとさえいってよい。これは、躍進めざましい東アジアの新興工業国についてもいえることである。たとえばベトナムでは、農業における自給自足から商品作物への転換は（とくに北中部では）あまり進行していないし、一九七〇年代に華僑を追放した後の現地商業資本の成長も遅い。ましてサハラ以南のアフリカにおいては、七条件がすべて満たされていない国の方が多いようにさえ見受けられる。この事実に鑑《かんが》みると、江戸日本が到達していた経済社会のレベルの高さが明らかになるのではないか。またそれは、明治日本がかつて実施した産業政策をそうした受け皿のない国にそのまま持ち込むことができないことをも意味しているのである。

コマーシャル・ファーミングへ

江戸社会は農耕社会であった。これは人口の約九割が農民であった江戸初期にとりわけ顕著であった。のちにこの比率は徐々に低下して幕末には八割弱程度になるが、農業生産の基本単位は常に小農家族であった。これは自然にそうなったのではなく、中世における「イエ」（複数家族とその従者からなる大家族制の生産・生活単位）を強制的に解体してつくられたものである。

戦国時代から江戸初期にかけて起こった重要な事件は、権力者と農民の間に介在していた古代・中世以来の諸組織（寺社などの宗教勢力、荘園領主、在地領主など）が一掃され、それまでの分散割拠にかわって大名による領国の直接一元支配が確立したことであった。これは織田信長、豊臣秀吉らの戦国大名による一連の政策――反対勢力の討伐、耕作地の調査・登記（検地）、武士以外からの武器没収（刀狩）、商業の自由化（楽市・楽座）、地方関所の撤廃、城下町建設、武士の城下町集住、定期市の城下町への吸収など――によって達成された。

これ以降、武士と農民は職分的にも居住的にも明確に分離されることとなった。村々には生産活動を担う小農家族が、城下町には土地から切り離されて官僚化した武士と彼らの生活を支える商工業者が原則として住むことになり、大名が領国の土地・農民・家臣を直接統治する形ができあがった。戦国時代に開始されたこの動きを、江戸幕府は継承し完成させたのである。

江戸時代の農業生産は、前期の量的拡大から後期の生産性向上へと二つのフェーズを経て発展した。

まず一五世紀半ばから一七世紀にかけては、耕作面積とりわけ水田面積の飛躍的拡大が見られた。これ以前の水田耕作は、山が終わって平地がはじまるところの狭い谷地《やち》でしか営むことができなかった。平地の大部分が人の立ち入れない氾濫原《はんらんげん》や沼沢地であった時代には、コメ作りに不可欠な水の安定供給が確保される場所はそこしかなかったからである。

だが戦国時代から江戸初期になると、大名や有力農民の手によって大規模な治水・灌漑《かんがい》工事が全国で行われるようになり、これまで居住不可能だった湿地は開墾されてつぎつぎに水田にかわっていった。これは耕作面積の拡大をもたらし、人口も急激に増加した。前近代社会におけるそのような人口増加はきわめて稀な現象である。これを大石慎三郎は「大開発の時代」と呼んでいる（大石慎三郎『江戸時代』、中公新書、一九七七年）。

当時の人口、耕地面積、石高を確定するのはかなり難しいが、その一つの試みである速水・宮本推計によれば、江戸前期の一二〇年間（一六〇〇〜一七二〇年）に人口は一二〇〇万人から三二〇〇万人前後へと二・七倍もの激増を記録し、その後増加はぱたりと止まって幕末までの残り一五〇年弱は同水準を維持している。耕地面積については、江戸前期の同一二〇年間に二〇七万町から二九三万町へと四二パーセントもの拡大を見せるものの、やはりそれ以降は一八七二（明治五）年の三二三万町へと累積一〇パーセント程度の伸びにとどまっている（速水融・宮本又郎「概説一七―一八世紀」、速水・宮本編『経済社会の成立 17―18世紀　日本経済史1』、岩波書店、一九八八年、四四頁）。

一八世紀以降になると、耕地面積および人口がそれぞれ安定する一方で、生産性向上によりコメの収量は持続的に増加していく。速水・宮本推計によると、単位面積あたり収穫量は、江戸前期に一六〇〇年の〇・九五五石／反から一七二〇年の一・〇九四石／反へと一五パーセント増加したあと、江戸後期にも一八七二年の一・四四七石／反へとひきつづき三二パーセントの加速的累増を示している。

この時期に増収を支えた要因は、二毛作、品種改良、肥料（とくに干魚）の投入、新農具の普及などである。また栽培技術についても、一六九七（元禄一〇）年に発行され何度も版を重ねた宮崎安貞《みやざきやすさだ》の『農業全書』、および江戸後期に刊行された大蔵永常《おおくらながつね》の『農家益』（一八〇二〔享和二〕年）や佐藤信淵《さとうのぶひろ》の三〇〇冊にもおよぶ著作など、農民のためのガイドブックが多数出版された。

江戸初期の農民は、主として自家消費のために耕作していた。各戸が生産した食糧は、年貢が差し引かれたあとは家族によって消費され、生活水準もぎりぎり生きていける程度であった。経済学ではこれをサブシスタンス・ファーミング（家族が食いつなぐための耕作）という。

だが江戸後期に生産性が向上してくると、農業生産に余剰が生まれるようになり、農民はコメや他の作物を市場に販売するようになる。すなわちコマーシャル・ファーミング（商品生産としての農業）である。やがて全国的に統合された農産物市場が形成され、農業生産に占める商品作物の割合が飛躍的に高まった。売るため、利潤を得るための農業が次第に拡大していったのである。

自立する農民、躍動する農民

江戸時代の農民は貧しかったのだろうか。「田畑永代売買禁止令」「慶安の御触書」「分地制限令」などの公文書を見るかぎり、農民は検地帳・宗門人別帳によって指定された耕地に縛りつけられ、移住や転職や娯楽の自由はないはずであった。彼らは腐敗役人に年貢を搾り取られ、生活の隅々にまで干渉され、天災や飢饉にもしばしば見舞われ、その困苦に耐えかねて一揆や逃亡や間引きを余儀なくされるどん底の存在であったはずである。

ここからは、徳川社会は人民の搾取と抑圧が蔓延《まんえん》した暗黒の時代だったというイメージがつくりだされる。しかしながら、近年の研究はこうした見方をおおかた否定している。すでに説明した耕地拡大と生産性向上により、もちろん地域差や個人差はあったが、とりわけ畿内を中心とする西日本では、江戸後期までには農業所得の増大にともなう農村生活の充実が見られたのである。

一般に江戸時代の農村はよく組織されており、年貢米を規定どおり納めているかぎり、自治権を与えられていた。年貢は個々の農民ではなく村全体に対して課されていたから（「村請け」）、農民の代表である村役人らが負担を村人たちに割り当てていた。すなわち行政制度の末端を担わされていたのである。さらに村役人は、村掟《むらおきて》の決定、会合（「寄合」）

の運営、会計事務、農作業における相互協力、里山・用水などの共同管理、行政との交渉などにもあたっていた。一方、生活の余裕が出てきた農民たちは、村祭り、田舎芝居、お伊勢参り、富士講といったイベントを楽しむようになる。

一六四九年に出されたとされ、江戸時代を通じて刊行されつづけた「慶安の御触書」に見られる、「たばこのみ申す間敷《まじく》候」「酒・茶を買い、のみ申す間敷候」「大茶をのみ、物まいり、遊山《ゆさん》ずきする女房を離別すべし」といった記述は、公権力が農民をいかに厳しく管理したかを示す証拠としてではなく、少なくとも江戸後期においては、農村富裕化という現実の前にすでに崩れてしまった「期待される農民像」へのノスタルジアとして解釈すべきであろう（久留島浩「近世の村の特徴」、高木昭作・杉森哲也編著『近世日本の歴史』、放送大学教育振興会、二〇〇三年）。江戸史家の田中圭一は、当時の農民はダイナミックで独立心の強い人びとであって、幕府の非合理な政策や理不尽な役人には大いに抵抗していたという（田中圭一『百姓の江戸時代』、ちくま新書、二〇〇〇年）。

ここから浮かび上がってくる江戸後期の農民の姿は、農業生産と農村生活の向上に裏打ちされたかなり明るいものであり、彼らは現在の低所得国の農民には必ずしも見られない自立性と躍動性を備えていたのである。

農業生産の増大とその余剰化・商品化は、自然な帰結として国内商業の発達を招来する。そして全国的に統合された市場の成立は、農産品のみならず、手工業製品についてもその生産・投資を刺激することとなる。政治安定のもとでこうした状況が一、二世紀もつづけば、商工業の隆盛にともなうさまざまな付随現象が発生してくる。それはたとえば、運輸通信インフラの整備、生産都市大坂と消費都市江戸および両者の周辺経済圏の拡大、為替・商品先物を含む金融取引の発展、地方経済・地方市場の形成、豪商・金貸しの台頭、富農の発生、洗練された町人文化の興隆などである。経済社会の発展がここまでくれば、西洋の科学技術と機械工業を輸入し使いこなすまでにはあと一歩にすぎない。

藩・地方都市の発展

年貢米の物理的移送を前提とする江戸税制にとって、全国的に統合されたコメ市場の存在は不可欠であった。

江戸初期に幕府は五街道を整備し、さらに西廻航路・東廻航路などの主要海路を開いた。ただし、これらの陸路・海路における運送・宿泊・食事などのサービスを提供したのは民間業者である。のちに日本海と瀬戸内海を経由して大坂にいたる海路を担当した北前《きたまえ》船《ぶね》や、大坂と江戸を結んだ菱垣廻船《ひがきかいせん》・樽《たる》廻船も、民間輸送であった。参勤交代により諸大名は莫大な出費を余儀なくされたが、これは街道筋や寄港地に経済的繁栄をもたらすものでもあった。

コメのみならず、ほとんどすべての商品について統合された国内市場が成立し、北海道のニシンであれ、灘《なだ》の酒であれ、関東の醬油・絹であれ、そのほかにも茶、たばこ、海産物、蠟《ろう》、藍《あい》、塩、砂糖、包丁、刀剣、織物、紙、薬、陶磁器、漆器、木工品など、数多くの特産物が各地で生産され全国的に流通していたのである。

江戸経済の中心は大坂であり、その担い手は幕府の管理・庇護下にある大坂商人であったが、江戸後期になると、多くの藩や地方都市はかなりの経済発展レベルに達していた。その結果、不当な価格や高金利を押しつけるとみなされた大坂商人の介在なしに、地方の市場どうしで直接取引しようとする動きが活発となる。日本経済の中心も、大坂・京都などの関西から江戸を中心とする東日本へと徐々にシフトしていった（宮本又郎・上村雅洋「徳川経済の循環構造」、前掲速水・宮本編『経済社会の成立 17—18世紀』）。

豪商の栄枯盛衰

さらに特記すべきは、こうした経済活動の進展とともに、富裕化した商人すなわち「豪商」が登場したことである。それはたとえば鴻池《こうのいけ》、小野組、天王寺屋、平野屋、島田組、加島屋、米屋といった商家らであるが、このなかでも、幕末維新の動乱を生き抜き、戦前の財閥そして戦後の企業系列へとつながる企業群としてとりわけ有名なのが、三井（呉服・両替）と住友（別子《べっし》銅山）の二家である。

こうしたいわゆる民族系資本が江戸期にすでに育っており、それが明治以降の産業の担い手や欧米技術の受け皿となったという事実は、日本の近代化にとってきわめて有利な条件を提供した。今日においても、輸入製品や外国企業と対等に競争しうる国内企業を擁する途上国はきわめて少ないのである。

ただし、幕末から明治にかけての「有力企業」の盛衰や交替はきわめて激しく、貿易の開始、需要と価格体系のシフト、新制度・新技術の導入、新政権の成立、新政策の発動といった変動のなかで、かつての富豪や大生産者も、大胆な内部改革や新商人層との提携なしには生き残れなかった。

一連の資産家リストを用いた宮本又郎の研究によると、一八四九（嘉永二）年にトップ二三一家にランク入りしていた江戸時代の長者がその後いつまで番付内に留まるかを見た場合、幕末の一八六四（元治元）年におけるサバイバル率は四四パーセント、明治中期の一八八八（明治二一）年には一五パーセント、明治後期の一九〇二（明治三五）年になるとわずかに九パーセントである（宮本又郎『企業家たちの挑戦　日本の近代11』、中央公論新社、一九九九年、五三頁）。この意味で、大企業グループとして今日まで名を成している三井と住友はむしろ例外なのである。

ダイナミックな市場経済においては、産業と企業の栄枯盛衰は不可避のみならず、むしろ望ましい現象である。我々にとって重要なことは、個々の豪商の連続性ではなく、そのような「有力企業」を次々に生成させ消滅させた社会がかつての日本には存在していたという事実である。

藩単位の特産品振興

この民間ダイナミズムを背景に、多くの藩が、領国の民を富ませ歳入を増加させるために産業振興に乗り出した。むろん「士族の商法」と言われるように、必ず成功するとはかぎらず、結局は債務地獄に陥り、豪商からの借金を踏み倒すにいたった藩も多かった。だが指導部が一貫した経済政策を打ち出し、有能な財務担当者にも恵まれた藩は、藩財政を立て直したのみならず、試行錯誤を通じて「産業政策」の手法を実地に学んでいった。

たとえば徳島藩では、かねてから吉野川流域の農民が藍を生産していたが、彼らを大坂商人の高利貸付から保護し、また地元商人を支援するために、商業金融機能をあわせもつ藩立の藍玉売買所が設置された。ところが幕府は公営取引所を禁止するという手に出た。幕府の重要な資金源である大坂商人の利権が損なわれるからである。これに対し藩は、藍玉売買所を民営化することによってこの難局を切り抜けた。

　また隣の高松藩では、藩レベルの「輸入代替」と「国産振興」をめざしてさまざまな産業を助成してみたものの、それらはことごとく失敗に終わり、財政難による藩札乱発とインフレーションに陥った。この苦境のなか藩政改革・藩札整理を断行し、産業面ではようやく砂糖製法の開発と商業化に成功した。砂糖生産が軌道に乗るにつれ、藩は他藩との直接取引を志向したが、徳島藩の場合と同様、幕府は大坂商人を介さないそのような地方取引にストップをかけたのである。この他にも、長州藩の紙・蠟、米沢藩の紅花・漆、秋田藩の絹織物、肥前藩の陶磁器・石炭、肥後藩の材木・絹など、多くの藩が藩政改革とセットになった産業振興に着手していたのである（西川俊作・天野雅敏「諸藩の産業と経済政策」、新保博・斎藤修編『近代成長の胎動　日本経済史2』、岩波書店、一九八九年）。

　藩単位の特産品振興は、やがて欧米列強の圧力、海外貿易の可能性、幕府権威の失墜などからなる幕末の時局展開を迎えて、第一部や第二部で検討したところの「封建商社による富国強兵」、すなわち外国人が好む特産品を日本全国からかき集め、その輸出で得た収入を軍艦・銃砲等の武器輸入にあてて、政局の流動化のなかで幕府や他藩に対し自藩の主導権を確保するという動きにつながることになる。

開国第一の良策

幕末雄藩の「富国強兵」策についてはすでに詳しく見てきたところだが、ここでは薩摩藩の五代友厚が一八六四(元治元)年に藩に提出した意見書の要約を追加するにとどめよう。

五代は、攘夷などをいまだに唱える者は世界情勢に暗いのであって、これからは開国交易の時代であるから、薩摩は他の諸藩に先駆けて富国事業を展開すべきであると論じる。具体的には、上海にコメ・生糸・茶・椎茸・昆布・するめ・木材などを輸出せよ、そのうち生糸は目下のところ貿易禁止品であるから、江戸藩邸から手を回して関東産生糸を買い占めて輸出すれば、上海における利益はまた格別であるという。茶は領内の地味《ちみ》が適しているから、道の左右にまで並木のように植えつけ、それを紅茶にして売ればこれもまた大きな利益が見込める。昆布は、北海道産を長崎に輸送したうえで倉庫にとどめ、時期をよく見はからって上海へ回すとこれも大儲けができる。琉球産の砂糖にいたっては、天下無比の産物だから、上海でコメを売って得た利益で製糖機械二〇台を西洋から輸入して白砂糖を製造し、これを上海で売ると実に一〇〇万両以上の利益が得られるというソロバンをはじき、これこそ開国第一の良策であるから早々実行されたいと力説するのである(石井孝『明治維新の舞台裏』第二版、岩波新書、一九七五年、六二~六三頁)。

幕府の「産業政策」の後進性

他方で、幕府の「産業政策」は江戸時代を通じて一貫性を欠いたものだった。生産力の増大により自給農業が商品作物生産へと移行し、それが手工業、流通業、金融業を刺激し、藩政府が特産品振興に努力を傾注するようになっても、幕府には新時代の政策指針となりうる思想や戦略は生まれなかった。幕府にとって、歳入基盤や経済単位はあくまで小農によるコメ生産であった。財政赤字は、農民への増税と規制、大名・豪商への献金要求、緊縮財政、倹約令、物価統制、あるいは貨幣改鋳によって対処すべきものと考えられた。自由化と積極財政により民間経済を大いに活性化すべしという主張は何度か浮上したものの、それらは支配体制をひきしめ取締りを強化する「改革」によって否定されてしまった（享保・寛政・天保の改革）。商工業を原則自由化すべきか公認の同業者カルテル（「株仲間」）をつくらせて統制すべきかについても、幕府の施策は両極端を揺れ動いた。老中四人、若年寄四人、大目付四人、目付一〇人、諸奉行五人の固定化しきった階位性も、幕府の適応不全の証拠として挙げることができるかもしれない。

変容していく経済社会の現実と、コメを中心とする農本主義・規制主義を基調とする幕府政策のギャップは、ついに埋められることなく幕末を迎えることとなった。先述の五代友厚が藩に建策した商社戦略とくらべるとき、幕府の経済運営のいかんともしがたい後進性は明白であろう。開港を断行した時点ですでに、幕府は政治・軍事の面のみならず、経済政策においても正統性を失っていたのである。

藩校・学問塾・寺子屋

最後に、江戸時代の教育についても見ておきたい。徳川社会における教育の広範な普及は、その後の日本の急速な近代化と工業化を支える重要な要因の一つとしてしばしば言及される。

徳川社会の公的な教育組織としては、主として儒学を教える幕府の学問所、および諸藩の若き武士たちを教育するためのやはり儒学を中心とした藩校が挙げられる。ただし、幕末にかけては、儒学のかわりにオランダ語や西洋の医学、航海術、軍事技術などを教える学校も増えた。いくつかの藩校は、士族以外の学生にも入学を許可した。またその多くは、明治維新を経て新たな教育機関に生まれ変わった。幕末時点で、藩の数が約三〇〇、藩校の数が二三〇であったから、四分の三の藩が藩校を設置していたことになる（本山幸彦編『明治前期学校成立史』、未来社、一九六五年、一八頁の記述より推計）。

民間の教育組織としては、学者が自らの専門分野を教えるために個人で設立した学問塾が特筆に値する。幕末期に開講していた有名な学問塾としては、尊王攘夷を唱えた吉田松陰の松下村塾《しょうかそんじゅく》（萩）、オランダ語文献を輪読した緒方洪庵《おがたこうあん》の適塾（大坂）、西洋医学を伝授したドイツ人シーボルトの鳴滝塾（長崎）、儒学や中国古典などを中心とする広瀬《ひろせ》淡窓《たんそう》の咸《かん》宜《ぎ》園《えん》（日田）、英語を教えた福沢諭吉の慶応義塾（中津藩江戸屋敷、のちに芝、三田へ移転）などがある。また民間ではないが、同じく時代的要請を反映した学校として、購入した軍艦を操船する人材を育てるために勝海舟が創設した神戸海軍操練所を挙げることができる。

これらの学問塾は、身分を問わず学生をリクルートした。そこには聡明で情熱的な若者が集まり、勉強を通して彼らの眼は、国際情勢とそこで日本が置かれた危うい立場に向かって開かれていく。これらの塾は、師自身が時代の先駆者だったのみならず、その学生のなかから、伊藤博文、山県有朋、高杉晋作《たかすぎしんさく》（一八三九～一八六七年）、久坂玄瑞《くさかげんずい》（一八四〇～一八六四年）、大村益次郎《おおむらますじろう》（一八二四～一八六九年）、橋本左内《はしもとさない》（一八三四～一八五九年）、大鳥圭介《おおとりけいすけ》（一八三三～一九一一年）、高野長英《たかのちょうえい》（一八〇四～一八五〇年）、坂本龍馬などの、多数の若きリーダーたちを育成したという意味において、変革期を切り拓く逸材のインキュベーターの役割を果たしたのである。

ただし彼らの思想形成や知識吸収においては、学問塾での座学のみならず、政策立案や対外交渉の現場において、幕府の洋学者、各藩の「封建商社」担当者、外国商人・外交官などから耳学問によって得た部分もかなり重要であったと推察される。

さらに、江戸時代の初等教育をカバーするものとして、日本人なら誰でも知っている「寺子屋」があった。寺子屋は、地域の児童に読み・書き・そろばんを教える私塾であり、はじめは地元の篤志家が慈善事業として教えていたが、次第に月謝をとる職業的経営となった。ふつう先生は一人で、自宅を教室とし、数十人程度の児童にそれぞれ課題を与えて個別指導していた。入退学はいつでも自由であったが、在学するのは七、八歳から一二、一三歳ごろまでの子どもが多かった。

庶民が文字や計算の学習の必要を自覚するにつれ、こうした塾は江戸・大坂・京都などの大都市のみならず、全国津々浦々に普及していき、国民の高い識字率を支えていた。

明治学制が施行されてから三年後の一八七五（明治八）年の数字によれば、全国の小学校の数は約二万四〇〇〇であり、その大部分は旧来の寺子屋と藩校を改造したものであった（文部省編『学制九十年史』、大蔵省印刷局、一九六四年、一一頁）。藩校の数は上述の通り二三〇であったから（ただし王政復古後も藩校は新設されて二七八になっていた）、この二万数千という数字は幕末に存在していた寺子屋の数とほぼ同じオーダーと考えられる。ちなみに、同じく一八七五年における初等教育就学率は、男子五〇・四九パーセント、女子一八・五八パーセントであった。

以上は、江戸社会をごく駆け足でレビューしたにすぎない。このレビューは包括的とはいえないが、それでも、身分制・門閥制といったネガティブな面ばかりが強調されがちだったこの「前近代社会」が、実はそれほど遅れてはおらず、むしろその経済社会を現代の途上国と比較すれば、そこには驚くべき進歩性が認められることが理解できたのではなかろうか。幕府の経済政策はたしかに立ち遅れていたが、民間セクターは着実に発展を遂げていた。江戸の経済社会は、まもなく到来する欧米の衝撃を待ち受け、それを成長の糧とする準備ができていたといってはいいすぎだろうか。

おそらく当時の人びとには、自分たちがそれほど立派な時代に生きているとは思えなかったかもしれない。だが、国際比較の観点やその後の日本の歩みを知る我々にとっては、一九世紀前半からその半ばにかけての江戸社会が特別に見えるのである。そこには、新時代を切り拓くことができそうな予感がすでに漂っていた。

3　幕末期の政治競争とナショナリズム

ペリー来航という「革命」

日本史にとって、ペリー来航が一八五三（嘉永六）年すなわち一九世紀中葉であったという事実はきわめて重大な意義をはらんでいる。むろん、当時日本の開港を要求していたのはアメリカだけではなかったし、なぜその時期に欧米諸国の極東への関心が高まったのかについては西洋史の論理から説明されるべきことである。

しかしながら、日本側の都合からすれば、もし近代技術と軍事力を背景とする西洋の開国要求が、一九世紀半ば以前に発生していたなら、次の時代への変容は明治維新ほどダイナミックにはならなかったであろう。たとえば、それが一八世紀前半あるいはそれ以前に起こっていたならば、前節で検討した江戸経済社会の発展はまだ緒についたばかりであり、強い民間経済や産業振興の経験をもつリーダーたちがまだ十分育っていなかったから、日本は外圧に対して適切な「翻訳的適応」を遂げられたかどうかは不明である。

他方、もし一九世紀半ばを過ぎても欧米列強の軍艦が現れなかったら、商工業の発展という現実と農本主義・規制主義を旨とする幕府政策の間に横たわる根本的矛盾はそのまま累積しつづけることとなり、その解決は旧勢力と新興勢力の対立として革命的内乱をもたらしたかもしれない。それがいつどのような形をとって進行したであろうかは、著者らの想像の範囲を越える。

こう考えると、一八五〇年代に開始された開国のタイミングは実に絶妙であった。一七世紀以来の日本は、外交と通商における厳しい制限により「閉鎖モード」にあったが、その後二世紀を経て民間経済は大いに興隆し、そのために進んだ民間部門と遅れた支配原理の間に構造的ギャップを抱えるようになった。

第一部の末尾でも述べたが、これをマルクス流の古い言葉でいえば、「下部構造」(生産力、生産構造)のとどめがたい発展が、旧来の「上部構造」(政治、思想、政策など)と矛盾を起こすようになり、それを弁証法的に乗り越えるための「革命」を必要としていたのである。

しかしながら、革命には相当程度の矛盾の蓄積と実行における多くの社会的エネルギーを要する。それを純粋に国内運動のみでまかなうには長い時間と紆余曲折は避けられなかったであろう。この問題を一挙に解決してくれたのが、外からやってきた欧米列強であった。ペリー来航以来の日本の政治動向は、表面的には対外政策に関わる攘夷派と開国派の対立を軸としながらも、実はそれを触媒として、最終的には通商と産業の振興を望む新興勢力による政権の奪取、およびそれが可能にした政策体系および政体そのものの根本変革にまで踏み込むものとなった。

アジア・アフリカ地域の国々の多くは、一九世紀に同様の外的衝撃を受けながら、それを自国の制度改革の原動力とすることができず、むしろ自主性を奪われて植民地化されてしまった。幕末日本のみがそのような運命を回避しえたのはなぜか。この答えもやはり、国内で醸成されてきた諸条件が幕末開港期においてどのように展開したかを検討するなかに見出されなければならないであろう。

幕府権力の溶解

その注目すべき展開の第一は、幕府の正統性の喪失とそれにともなう政治競争の激化という政局的要因である。

武士政権としての徳川幕府の正統性は、その軍事力をもって国内に統一と安定をもたらし、国外の敵に対しても備えを万全にすることに由来していた。いうまでもなく、幕府成立の時点では、徳川政権が全国レベルの経済発展を実現したり、日本の国際的地位を高めたり、徳川家と譜代大名以外の多数意見を聴取して政治にあたることなどは期待されていなかった。しかしながら、一九世紀半ばの欧米列強の到来は、治安と国防の維持にもとづく幕府本来の正統性を突然崩壊させたのみならず、開国をめぐる外交上、政治上、経済上の幕府失政の責任を厳しく追及するという新たな動きを加速させ、それまで磐石だった徳川政権の権威は一挙に失墜した。権力の溶解は一八五八年頃から一八六三年頃にかけて急速に進行し、幕府を中心とする政治秩序は修復不可能な痛手を負った。

これが、以前は到底考えられなかった、幕府指導部への非難、大大名による国政参加要求、幕府命令の無視、幕府に対する軍事的挑戦（長州藩）などの動きを沸騰させたのである。それ以降の幕末最終期は、旧体制解体を前提とした新秩序に向けての政治競争と位置づけられる（三谷博『明治維新とナショナリズム——幕末の外交と政治変動』、山川出版社、一九九七年、第九章）。

幕府の過ち

ペリーの黒船が大砲を打ち鳴らしながら江戸湾内を周回するにいたって、幕府が欧米を撃退する軍事的能力を持ち合わせていないことは明らかとなった。このことを最も痛感していたのはおそらく幕府自身であった。この現実を突きつけられて、幕府は一方ではお台場を築き、軍制改革を実施し、西洋から軍艦を購入し、造船・航海技術を導入して海の備えを固めようとしたが、他方で幕府首脳部は武力攘夷の可能性をはじめからあきらめていたから、欧米の開国要求に従うことを対外政策の基本路線とし、それが可能となるように国内の諸勢力と交渉、妥協、弾圧などを重ねていった。

これは、軍事政権としての面子をつぶされることではあったが、当時日本が置かれた厳しい国際状況からすると、やむをえない判断であったろう。だがこの路線の実施過程において、幕府はいくつかの過ちを犯した。

第一に、よく知られているように、一八五八（安政五）年に締結された安政五ヵ国条約は、関税自主権と領事裁判権の二点において不平等条約であり、日本はこれらの権利を回復するために以後半世紀におよぶ外交努力を強いられることとなった。ただし当時、欧米が非欧米と通商条約を結ぶ際の片務性は当然視されていたから、日本のみがこれを拒絶することは難しかったであろう。

第二に、これらの条約は、天皇の同意（勅許）が得られないにもかかわらず、井伊《いい》（直《なお》弼《すけ》、一八一五〜一八六〇年）大老の判断で調印された。これは、重要な国策をめぐる天皇と幕府の対立を露呈することであったから、天皇には名目のみを与え幕府が政治の実権を握るという従来の二元支配の形を問い直すことが可能となった。天皇と将軍のそれぞれが実権を握りうる主体ならば、両者間に現実の対立が生じ、佐幕派と反幕派が結集しうる両極ができあがるという新たな政治ダイナミズムの火ぶたが切られたのである。幕府が天皇と協調して政局を乗り切ろうとする「公武合体」戦略は、一八六二（文久二）年の和宮降嫁《かずのみやこうか》、一八六四（元治元）年の幕府による横浜鎖港案提示などを通じて進められたが、それは開国をめぐる両者の思惑が根本的に異なるまま実現不可能な約束（攘夷実行）を重ねるものだったから、初めからきわめて不安定であり、一八六六（慶応二）年末の孝明天皇の死により完全に崩壊した。

第三に、欧米圧力下の対外政策の決定という重大な政治行為において、反対意見を無視あるいは弾圧しながら開国主義と対欧米妥協を一方的に貫いたことは、徳川統治の正統性をいちじるしく損ねた。とりわけ条約調印直後の安政の大獄（一八五八～五九年）による一橋派と尊攘派の大量処罰と処刑は、幕府に対する諸勢力からの攻撃を倍加した。幕府専制は、一方で諸侯の合議による「封建議会」への要求を強め、他方で過激な尊攘派を勢いづかせた。それにもかかわらず、幕府は諸侯と権力を分け合うことにあくまで同意せず、単独政権を志向しつづけた。幕府がようやく徳川家をリーダーとする合議体制を真剣に模索するようになったのは、公武合体論が瓦解し、幕府が第二次長州征伐に完敗し、慶喜が将軍に就任した一八六六年以降のことである。翌年一〇月の慶喜による「大政奉還」は、薩長を中心とする武力倒幕計画が迫るなかで徳川家の生き残りをかけての起死回生策であった。だが、これが倒幕派による「王政復古」のクー・デタと鳥羽・伏見の戦いにより二、三ヵ月のうちに覆されて、幕府の「暴政」は終焉を迎えることとなった。

第四に、一八五九（安政六）年の開港がもたらした経済混乱が指摘されねばならない。その最たるものはインフレーションであり、また副次的には、新たな貿易機会と相対物価の変動が引き起こした国内産業の盛衰である。

開港前後には、まず輸出品の生糸・絹製品の価格が上昇し、輸入品と競合する綿製品の価格が下がった。一八五九年から翌年にかけては、金銀間の交換比率が内外で異なることに起因する大量の金貨流出が全般的な物価上昇をもたらした（当時世界は金銀両本位制であったが、日本では銀がすでに補助貨幣であり、銀貨価値は含まれる銀より大きかった。それにもかかわらず、ハリス米国総領事は金貨銀貨ともに含有量価値で交換するよう要求したため、内外交換比率の乖離《かいり》が発生したのである）。だが一八六〇（万延元）年には金銀比価を調整した金貨（万延小判）が発行され、いったん物価は安定に向かった。しかし一八六三（文久三）年以降になると、軍事費をはじめとする幕府財政の急膨張やそれにともなう万延二分金の発行が激しいインフレを再燃させ、幕藩体制の通貨制度は崩壊に向かった（武田晴人「『両』制度の崩壊――幕末の金流出」、『にちぎん』、二〇〇九年夏号、二四〜二七頁）。

産業や産地の交替

貿易開始を原因とする需要シフトを概観しておこう。旺盛な海外需要に支えられた養蚕・製糸業・製茶業は大いに拡大し、生産者とそれらを扱う国内商人に大きな利益をもたらした。

輸入品と競合する綿織物業については、製品差別化が難しく産地間競争の激しい白木綿は衰退ないし再編を迫られたが、縞《しま》木綿、絣《かすり》木綿、縮《ちぢみ》木綿などの製品差別化が可能な製品については、開港の悪影響はあまり大きくなく、むしろ全体として国内市場を拡大した。ただし個々の綿織物産地を見ると、従来の産地の多くが幕末までに衰退し、明治初期のインフレを通じて別の産地が勃興するという交錯過程が見られた。

この盛衰において重要だったのは、各産地に対して、輸入紡績糸の利用と農村向けの新たな販路開拓を支援した商人層の有無であった（斎藤修・谷本雅之「在来産業の再編成」、梅村又次・山本有造編『開港と維新　日本経済史3』、岩波書店、一九八九年、第五章）。産業や産地の交替はグローバル化に必然的な現象ではあるが、幕末におけるその速度はきわめて顕著だった。物価騰貴や失業・倒産の急増が為政者に対する民衆の不満を募らせることは、今も昔も変わらない。当時の人びとにとっては、外国勢に押しきられ、国内政治の混乱を収拾できず、自分たちに対しては職と生活を圧迫することしかできない幕府を見て、徳川政権の終焉と新時代の到来の予感を強くしたにちがいない。

戦略転換の遅れ

一九世紀半ばの厳しい国際環境のなかで、開国主義を貫きながら徳川政権を存続させるという観点から、実際に採択された戦略以外の可能性が幕府に残されていたかどうかは定かではない。

しかしながら、次のことは少なくともいえるであろう。ペリー来航以来の幕府の軍事的、政治的、外交的、経済的失策とみなされる一連の事態は、万人の目に映る徳川政権の正統性を急速に弱め、これまで決して挑戦することが許されなかった将軍家の権威や江戸社会の秩序を再編可能なものとして見直すことができるようになった。この徳川政権に働く遠心力が、少なくとも武士階級内においては、実力と政策ビジョンにもとづく、上下身分や藩の割拠性をこえた自由な合従連衡を活性化させたのである。そしてこの動きは、第一部と第二部で詳細に分析した、雄藩における「富国強兵」策および雄藩間の「封建議会」論へと直接つながっていく。

これを幕府の側から見てみよう。はじめは幕藩体制に手をつけずに幕府独裁のもとで対欧米問題の処理をめざしたものの、厳しい状況のなかでそれが不可能と知ると、朝廷との連携による幕府権威の維持（公武合体）、慶喜による朝幕政権の画策へと進み、最終的には大政奉還の断行を通じてそこに生まれるであろう新政権のなかで徳川家が実質的権力を握りつづけることをめざした。だが、この最後の後退線も岩倉具視・薩摩倒幕派らの王政復古クー・デタにより覆されてしまい、鳥羽・伏見での敗北を経て、幕府勢力は政治競争から完全に排除されてしまうのである。

あえて付け加えれば、開港以降の政権運営の保守性と閉鎖性、およびそれに起因する戦略転換の遅れが、幕府自身の墓穴をより早く掘ることになったといえそうである。幕府独裁への固執と封建議会論の拒絶、そのための反対派の排斥や攘夷派の弾圧、あるいは朝廷との便宜的提携は、短期的にはともかく、長期的には幕府の敵を巨大化させ政権を袋小路に追い込む原因となった。もし井伊直弼ほど強硬でない人物が条約勅許問題を処理していたならば、あるいは慶喜がより早い時点で政権を担当していたならば、徳川政権の運命や次に成立する政権の姿は変わっていたかもしれないが、これらは「歴史のif」に属することなので、これ以上の憶測は控えよう。

日本と清の分水嶺

ここで、以上の議論に関連すると思われる、ハドソンの古典的研究を紹介しておこう（G・F・ハドソン『世界政治と東亜』、尾崎秀実訳、生活社、一九四〇年、第三章）。彼の一九世紀東アジアの国際政治の比較分析によれば、アヘン戦争以来、日本も中国も、欧米圧力を受けてやむなく開国はするものの、頑迷かつ保守的な支配層は排外感情を持ちつづけたという意味で、基本的に同じ態度をとっていた。しかし一八六五（慶応元）年に日本の天皇が通商条約締結を勅許してからは、日本は西洋文明の摂取の道を歩みはじめ、清朝では依然として従来の排外政策が維持されつづけた。この分岐が、日本の近代化と中国の保守反動化という異なる結果を招き、のちの日清戦争における勝敗につながったとハドソンは分析する。

さらに、この日中分岐の深層原因をハドソンは次のように説明する。徳川日本では武士という世襲身分の戦闘者が支配していたのに対し、清朝中国では（李朝朝鮮においても）科挙《かきょ》に合格した読書人階級がエリート官僚層を占めていた。

江戸湾内でのペリー艦隊の威嚇射撃、外国艦隊による薩摩・長州攻撃といった事件は、日本の武士にとって大きな屈辱であり、彼らの名誉や存在理由を揺るがすものであった。この屈辱を晴らすための手段として、欧米の技術や制度を徹底的に学ぶこともあえて辞さないという路線は武士にとって比較的受け容れやすいものであった。

これに対し、「優れた儒教文明」の継承者を自負する中国・朝鮮の文人政権にとっては、西洋文明の受容こそが、自分たちが体現する価値の全面否定につながりかねなかった。そのかわり、彼らは軍事的敗北には日本の武士ほどのショックは受けなかったのである（平石直昭『日本政治思想史——近世を中心に』、放送大学教育振興会、二〇〇一年、第一四章）。一八六五年が日中の歴史の分水嶺《ぶんすいれい》であったかどうかは別としても、ハドソンの見解は幕末日本のある側面をたしかにとらえている。ただし、第三部の初めに論じたとおり、外来要素を柔軟に摂取するという我が国のプラグマティズムは、武家政権よりはるかに昔にさかのぼる伝統であることも指摘しておきたい。

幕末の情報ネットワーク

幕末日本の対欧米対応を強靱なものとした第二の国内的展開は、知識層の成長とナショナリズムの形成である。ここで注目したいのは、政治や外交に関する情報の伝播《でんぱ》速度、そうした情報に対する強い国内需要の存在、そして情報を分析し行動に転化する論理を与えた思想の役割である。

一八五三（嘉永六）年のペリー来航のニュースは瞬時にして日本全国に伝わった。この情報伝播の速度と広がりは、幕末維新期の政治変動の背景としてきわめて重要な要因であった。江戸後期における諸産業の興隆と運輸通信網の発達は、物流上の全国統一市場を可能にしたのみならず、情報交換と人的交流を促進するためのインフラストラクチュアとしても機能したのである。

第二部で詳しく検討したとおり、有力諸藩においては、藩主の命を受けた藩士らが国許から江戸、京都、大坂、長崎などへ頻繁に足を運び、外国人や政府役人や他藩同志と情報を交換していた。さらに、たとえば薩摩藩では、大久保、西郷、小松、伊地知、吉井らの誠忠組メンバーの間で盛んに書簡が往来していた。

だがこの情報ネットワークの濃密さは、政治競争に加わった武士たちだけに見られる現象ではない。政争には直接関与しないものの、幕末政治に強い関心を寄せていた豪農、豪商、在村知識人らがそれぞれのネットワークから得た伝聞を書き記した「風説留《ふうせつどめ》」（情報記録）が、全国各地に数多く残されているのである。

当時、政治情報の公開や販売は厳禁であったから、幕末の政治情報は、新聞などの専門化されたメディアによる集中的な取材と発信ではなく、他の職を持つ知識人によって自己の業務、人脈、書簡、文化活動などを通じて収集され、さらにそうした知識人らが集まって情報の交換と確認を繰り返すという形式で伝播した。情報の大量生産・大量消費ではなく、情報を需要する人自身が骨折って集めたものを交換し合うという、中心を持たない私的結節点の網状の広がりであった。

ここで我々が注目したいのは、幕末には良質の政治情報を渇望する裕福な知識人が全国津々浦々に育っていたという事実であり、またその情報が正確性と迅速性において、幕府や諸藩の公式情報筋にひけをとらないものであったことである。しかも風説留の内容は、単に情報を収集するにとどまらず、時論、政治批判、民衆の声、絵画や地図、外国新聞の情報なども取り込んだ、きわめて政治志向の強いジャーナリズムといえるものであった。実際、多くの風説留はペリー来航を起点として開始されているし、そうでなくても、それまで随筆的・文芸的だった内容がペリー来航によって急速に政治的なものに収斂《しゅうれん》していくのである。

宮地正人による風説留の研究は、下総の大久保真菅《おおくぼますげ》（豪農）、武州の林信海《はやしのぶうみ》（豪農）、江戸の堀口貞明《ほりぐちさだあき》（上州出身の名主）、名古屋の小寺玉晁《こでらぎょくちょう》（名古屋藩陪臣）、越中高岡の坪井信良《つぼいしんりょう》（医師）、紀州の羽山大学《はやまだいがく》（医師、一八〇八〜一八七八年）の六名の知識人が残した風説留をそれぞれ分析している。そのなかでも紀州日高郡の医師羽山大学が記した『彗星夢草子』（全一一九冊、うち一八五三年から一八六九年までをカバーする風説留は一〇五冊）を、量・内容・情報源においてとりわけ優れたものとして章を改めて詳説している（宮地正人『幕末維新期の社会的政治史研究』、岩波書店、一九九九年、第三、四章）。

宮地は、風説留の全国的成立の背景として、全国市場の形成、和歌・俳句・漢詩などをたしなむ文化的ネットワークの地域的・全国的広がり、権力末端との接触の場の拡大の三つを挙げている。このうち全国市場の形成については、通信業だけを見ても、一八三〇年代の京都には行き先別の飛脚屋が一二八軒、一八六〇年代の江戸には飛脚問屋が一八〇軒営業していたという。また権力末端との接触についていえば、幕末には豪農・豪商が旗本家臣と接触したり、農民自体が幕臣に取り立てられたりすることが以前にくらべてはるかに容易になっていた。

「内発的」思想展開

ペリー来航以降に政治情報に対する需要とその供給が高まった背後には、それまでに国内で育ちつつあった国学や尊王思想を基礎とするナショナリズムが、欧米列強との接触により著しく活性化されたという事情があった。対外的危機の到来が、幕末期の日本人の民族意識を強化し、政治情報と政治論争への強い需要が沸きあがり、武士・非武士を問わず、知識層全体が政治化したのである。

国学は、契沖《けいちゅう》によってはじめられた日本の歌や物語の研究（歌学《かがく》）と、荷田春満《かだのあずままろ》が提唱した「日本の道」の解明をめざす研究（皇国学）が合流して成立したとされている。前者は、勧善懲悪といった儒教の外的尺度で日本文学を解釈するそれまでの常識を批判し、文章の書かれた時代の意味に戻って作品を内面から理解しようとする文献実証主義を主張した。後者は、文学から歴史や律令まで含めた日本古代学を、外来の儒教・仏教とは独立した学問として確立しようとする試みであった。

この二潮流を受け継いでさらに発展させたのが、万葉集を探究した賀茂真淵《かものまぶち》と、源氏物語の新解釈を提示し古事記を読解した本居宣長《もとおりのりなが》であった。この潮流は、平田篤胤《ひらたあつたね》によって複雑奇怪な神学へと変容し、幕末の尊王攘夷運動の一つの精神的支柱を提供することになる。

ここで重要なことは、国学は当時の外来圧力を契機として誕生した学問ではなく、はるか過去に輸入され、我が国の知識層を強く支配してきた仏教と儒学に対して、日本古来の精神文化を再発見し、それに高い地位を与えようとする学問・思想上の試みであったという点である。漱石の言葉を借りれば、それは対外接触を厳しく制限された江戸日本における「内発的」な思想展開であり、外国からの影響に押されてやむをえずはじまった「外発的」な対応ではなかった。

そのことは、たとえば本居宣長の一生を顧みればよくわかる。彼は、青年時代に京都に留学した以外は、医師を生業《なりわい》としながら死ぬまで郷里の松阪に住みつづけ、鈴屋《すずのや》と名づけた自宅二階の小さな書斎で学問に没頭した。四〇年余もの歳月をかけて、源氏物語を弟子たちに講義し、あるいはこつこつと『古事記伝』を書き進めていった。外から見れば、彼の人生は実に単調で何の波乱もないものであった。彼の波乱は、彼の著作や書簡に見られる激しい論調から明らかなように、すべて頭のなかの学問的思想的な嵐であった。

宣長は、契沖や儒学者荻生徂徠《おぎゅうそらい》の方法論、すなわち異時代・異文化の文学は現代の基準や読者の固定観念で解釈すべきものではなく、その文学が書かれた時代の言語研究（古文辞学）を通じて、その内部論理を追体験して初めてわかるものであるという主張に強い影響を受けた（平石前掲書、第一〇、一一章）。

しかしながら、学者としての強烈な個性を持った宣長は、単に古文辞学にとどまらず、歴史のかなたに消えてしまった名も知れぬ作者と現代に生きる自分とを切り結ばせて、新たな創作の世界を作り出していく。古事記を読解するための関連資料はすでに多くが失われ、その読みも意味も、実証研究の方法だけでは復元することができない。そこで宣長は、理性のみならず、自分に備わった直覚、感性、情熱、意志といったトータルな人間的能力を総動員して古事記に向き合い、こうであるにちがいないという文章の明らかな姿が見えてくるまで、くりかえし読んで考えを尽くすのである。こうして書かれた『古事記伝』には、古代には実際にそう読まれていたという科学的根拠があるわけではない。いま我々が古事記を文庫本で読めるのは、読めない文章を無理やり読んでしまう宣長の「創作活動」があったからこそである。このような仕事をした本居宣長は、政治活動とは無縁な、自己の世界に沈潜する純粋な学者――ただし重箱の隅をつつく研究者ではなく自己の全人格をあげて対象と結び合う学者――であったということができよう（小林秀雄『本居宣長』、新潮社、一九七七年）。

若き日の宣長が、過去の作者（紫式部）との知的合作により、源氏物語の新解釈である「もののあはれ」論を提示した『紫文要領』（一七六三年）には、次のような奥書が添えられている。

「右紫文要領上下二巻は、としごろ丸《まろ》〔私〕が、心に思ひよりて、此物語をくりかへしこころをひそめてよみつゝかむがへいたせる所にして、全く師伝のおもむきにあらず、又諸抄の説と雲泥の相違也、見む人あやしむ事なかれ、よくよく心をつけて物語の本意をあぢはひ、此草子とひき合せかむがへて、丸がいふ所の是非をさだむべし、必《かならず》人をもて言をすつる事なかれ、かつ文章かきざまは〔な〕はだみだり也、草稿なる故にかへりみざる故也、かさねて繕写〔清書〕するをまつべし、是又言をもて人をすつる事なからん事をあふぐ」

すなわち、この本は、自分が源氏物語を繰り返し心を尽くして読み考え到達したところを書いたものであり、既存の解釈とはまったくちがうから驚かないでくれ、読者も原書を心を尽くして味わい、私の本とくらべたうえで評価を定めてほしいというのである。なんと大胆で自信に満ちたあとがきであろう。

上下秩序の流動化

しかしながら、こうして成立した国学は、やがて創始者の意図とは離れて学問的研究から政治的思想へと軸足を移しはじめる。一八世紀末から一九世紀初めにかけて、国学とその世界観は下級武士、豪商、豪農などを担い手として全国的に広まっていった。これによって起こったのは、神道の大衆化であり、支配階級に属さない人びとが、上からの指導ではなく自分たちの心のままに社会論や国家論を論じはじめるという、思想における上下秩序の流動化であった。たとえば名古屋地域では、堂上公家《とうしょうくげ》の独占物であった垂加神道《すいかしんとう》を駆逐して、藩士・商人・豪農らに支持された本居宣長の国学が浸透していった。

精神文化の大衆化は、国学のみならず、漢詩・和歌・俳句・書画などの分野にも広がっていく。こうした文化的・文芸的活動における大衆の自由獲得と自己表現は、ペリー来航という外的衝撃により、非政治的なものから政治的なものへと一挙に変質することになる（宮地前掲書、第三章、一四一〜一四三頁）。これは、すでに述べたところの、ペリー来航を契機とする「風説留」の量的増加および政治化と軌を一にする現象であった。

幕末に活性化されたナショナリズムは、現在多くの途上国で見られるような、多民族や多地域を束ねて単一国家を形成するために支配者が「想像の共同体」という擬制を上から押しつける、官製ナショナリズムではなかった。それは民間から自然発生し、知識層および大衆を大いに熱狂かつ憤慨させ、時には暴走して政府の政策を縛るような自然発生的ナショナリズムであった。対外圧力とセットとなった民間ナショナリズムは幕末日本に特有なものではなく、かなり普遍的に見られる社会現象である。たとえば、近年の中国国民がしばしば発露する「愛国心」はこれに近いものであろう。

そのなかでも平田国学を中心とするいわゆる草莽《そうもう》国学は、皇国学・尊王思想などの政治的側面で過激な展開を見せ、豪農層を中心に広まっていった。それはたとえば、生前における天皇への奉仕が死後の冥界《めいかい》で大国主命《おおくにぬしのみこと》によって報われるといった、特異なドクトリンを生むことになる。このような思想が一部の尊攘派の過激行動を助長したことは、事実の問題として否定できないであろう。また後期水戸学や吉田松陰の攘夷思想なども、こうした流れを受けているといえる。

だが江戸時代を通じて発展してきた国学が、一部の過激派のテロリスト的行動につながったという否定的な評価だけではバランスを欠いている。むしろそれは、過激行動に走らないはるかに多くの知識層の意識のなかに、天皇と神道を核として、「日本」および「日本人」というアイデンティティーを確立することに貢献したのである。それは、彼らが藩や身分といった区分よりも国家を上位におくことを可能にした。国学を源とする思想潮流は、一九世紀半ばの西洋の衝撃に際して、指導者たちを「日本国家」「天下万民」のための行動へと導き、たとえ敵と味方に分かれても、彼らのなかで日本を空中分解させない求心力として作用したという点を強調すべきであろう。

政治の遠心力と社会の求心力

以上をまとめよう。ペリー来航以来、徳川政権の正統性は、欧米の前に軍事的無力を露呈することによって大きく傷つけられ、さらに通商条約の中身および調印手続きの不備、国難に際しての一方的・強圧的な政治運営、開港がもたらしたインフレーションと急激な産業の盛衰などが一連の外交的・政治的・経済的失策として追討ちをかけた。かくして旧来の幕藩体制や身分秩序にしばられない政治競争を許容する社会的環境が生み出され、一八五八（安政五）年頃から一八六三（文久三）年頃にかけて、それは不可逆的な趨勢となる。

しかしながら、この遠心的な政治競争は、支配階級の一部を構成する下級武士および知識階層である豪農、豪商、在村知識人らが広く共有するにいたった民間ナショナリズムという求心的な精神基盤のなかで進行したために、最後の一線を決して踏み越えることなく、国家利益を目的に競われた。ゆえに、藩益や特定階級の利益が国家利益よりも優先されて日本が長期の内乱に突入したり、その隙に乗じて外国勢力の介入と支配を招くといった事態は生じなかった。これが、第二部で引用した徳富蘇峰を再引用すれば、「我が国民は或る度の中に於て、極端より極端に走」ることができたゆえんである。

対外危機が惹起した激動のなかで、政治の遠心力と社会の求心力のバランスが保たれつづけたことは、幕末日本にとってきわめて幸運なことだったといわざるをえない。

我々の分析はここで閉じることとしたい。本書は、第一部で幕末維新期の大変革における「柔構造」を提示し、第二部でその担い手となった雄藩の比較分析を行い、第三部でそうした雄藩が競い合う社会が生まれた歴史的淵源を探った。本書を構成するこれら三部は論理的に相互依存かつ循環構造をなしており、実はどこから読みはじめても構わないのである。もし読者の時間が許すならば、いま一度最初に戻って読み返されることを望む。第二部、第三部を読了された方には、おそらく第一部の議論がより大きな深みと説得力をもって迫ってくるにちがいないからである。

あとがき

日本中世史研究者の五味文彦によれば、一四六七年の応仁の乱までの四〇〇年が「中世」で、それ以後の四〇〇年が「近世」である。「近世」と「近代」を分けるのは言うまでもなく明治維新で、応仁の乱から四〇一年後のことである（五味文彦『躍動する中世　全集日本の歴史5』、小学館、二〇〇八年、三七〇〜三七一頁）。

言い換えれば、明治維新を正面から分析するということは、〃四〇〇年に一度の大転換〃の解明に挑戦することになる。

大野氏と私は、二〇〇五年と二〇〇六年に経済史と政治史の分野での通史的な著作を発表しているから（大野『途上国ニッポンの歩み――江戸から平成までの経済発展』、有斐閣、二〇〇五年。坂野『近代日本政治史』、岩波書店、二〇〇六年）、この大課題への挑戦資格が全くないわけではない。しかし、あるきっかけから二人共同で英書用の明治維新論を書くことにならなければ、それぞれが単独でこの大課題に取り組むことは、かなり先の話になったであろう。七十歳を超える坂野の場合には、来世での研究課題になったかもしれない。

「まえがき」で大野氏が記しているように、このきっかけはイギリスからきた。ヨーク大学のエイドリアン・レフトウィッチ教授が明治日本も含めた途上国の「開発」政策の比較研究への参加を大野氏に呼びかけてきたのである。

同教授の比較の焦点が、「開発」を推進した指導者とそれを支えるエリートの特徴というきわめて政治史的なものであったから、最初大野氏はご自分への依頼を私（坂野）に丸投げしてこられた。私が日本語で論文を書き、大野氏が英訳するという提案をされてこられたのである。二〇〇八年四月のことである。

しかし、一見したところでは途上国の政治史的比較に見えるレフトウィッチ教授の構想は、あくまで途上国の開発政策の成否を分けた指導者やエリートの比較研究にあることは、すぐにわかった。開発経済学の研究者と政治史の専門家を兼ねたような日本研究者を想定しての提案だったのである。

私の答えはすぐに見付かった。大野氏と私とが本当の意味での共同執筆が出来れば（二人が一人になれれば）、教授の提案に応えられると考えたのである。四月末に大野氏と初めてお会いした時、私はそれを提案し、大野氏も快諾された。開発経済学者と日本政治史研究者の二人三脚がスタートしたのである。

それから八ヵ月間、草稿の各段階で二人は頻繁に手を入れあった。時々会って各自の担当部分について意見を交換するというようなものではなく、本当の共同執筆に従事したのである。それは相当にタフな八ヵ月であったが、同時に非常に充実した八ヵ月でもあった。

日本語草稿が完成しかけたころ、私はこれを英文の論文だけで終らしたくないと思い始め、大野氏の同意を得た上で、講談社で現代新書を担当されている懇意の編集者（所澤淳氏）に打診してみた。ほぼ完成していた日本語草稿を読まれた所澤氏は、即座にゴー・サインを出してくれた。ただし学術論文用に書かれたこの草稿を一冊の新書にするためには、絞りに絞った対象を、内容的にも時代的にも大幅に拡げる必要がある旨を説かれた。そこで私が第二部「改革諸藩を比較する」を、大野氏が第三部「江戸社会——飛躍への準備」を新たに書き下すことになった。さすがにこの二つはお互いの草稿に部分的に手を入れるぐらいで、第一部のような完全な共同執筆にはなっていない。しかし、校正に当たって全部を通読した時に、第一部から第三部までの二人の主張に乱れは全く感じなかった。

共同執筆の経緯は以上のようなものであるが、大野氏と初めてお目にかかってから本書の刊行までが一年八ヵ月というのは、相当なスピードである。

四〇〇年に一度の大変革である明治維新に正面から挑戦しているという興奮と、相手の興奮がこちらにも伝染するという共同執筆特有の相互刺激とが、私たち二人を駆り立てたのではなかろうか。

本書の主題については、大野氏の「まえがき」でも、第一〜第三部の冒頭や末尾でも、繰り返し要約してある。

しかし本書を結ぶに当たって、一点だけ蛇足をつけくわえさせていただきたい。それは、圧倒的多数の明治維新論が「富国強兵」を軸に書かれているのに対し、本書では憲法と議会を意味する「公議輿論」を「富国強兵」と同等に重要な明治維新の目的として位置づけている点である。しかも本書はこの二つの目標を、たとえば藩閥政府と自由民権運動というような、基本的な対立関係にあるものとしては扱っていない。「富国」も「強兵」も「公議（憲法）」も「輿論（議会）」も、幕末・維新の多くの指導者が広く共有していた「革命目的」だったというのが本書を一貫する視点なのである。

この四つの目標がほぼ確立されたのは、今から一世紀半ぐらい前のことである。そして二一世紀の初頭に生きる私たちも、この四目標のうち三つは依然として目指している。すなわち「富国＝成長」と「公議＝憲法」と「輿論＝議会・選挙」は、今日においても私たち日本人の共通目標でありつづけているのである。明治維新の指導者たちの偉大さを示すものなのか、あるいは先に紹介した五味文彦氏の四〇〇年周期が正しくて、私たちは今なお「近代日本」の枠組みから逃れられないのか。明治維新はそう遠い昔の話ではないのである。

終わりに当たって個人的な感慨を記させてもらえば、私としては、人生の最終局面において、分野も世代も大きく異なる新しい「学友」を得られたことを大変喜んでいる。

二〇〇九年一一月

坂野潤治

講談社現代新書　2031

明治維新《めいじいしん》　1858－1881

二〇一〇年一月二〇日第一刷発行　二〇一一年七月二〇日第九刷発行

著　者　坂野潤治《ばんのじゅんじ》　大野健一《おおのけんいち》

発行者　鈴木章一
発行所　株式会社講談社
東京都文京区音羽二丁目一二―二一　郵便番号一一二―八〇〇一
電　話　〇三―五三九五―三五二一　編集（現代新書）
〇三―五三九五―四四一五　販売
〇三―五三九五―三六一五　業務
装幀者　中島英樹
印刷所　豊国印刷株式会社
製本所　株式会社国宝社
本文データ制作　ＤＮＰユニプロセス
定価はカバーに表示してあります　Printed in Japan

N.D.C.210.6　227p　18cm
ISBN978-4-06-288031-2

「講談社現代新書」の刊行にあたって

教養は万人が身をもって養い創造すべきものであって、一部の専門家の占有物として、ただ一方的に人々の手もとに配布され伝達されうるものではありません。

しかし、不幸にしてわが国の現状では、教養の重要な養いとなるべき書物は、ほとんど講壇からの天下りや単なる解説に終始し、知識技術を真剣に希求する青少年・学生・一般民衆の根本的な疑問や興味は、けっして十分に答えられ、解きほぐされ、手引きされることがありません。万人の内奥から発した真正の教養への芽ばえが、こうして放置され、むなしく滅びさる運命にゆだねられているのです。

このことは、中・高校だけで教育をおわる人々の成長をはばんでいるだけでなく、大学に進んだり、インテリと目されたりする人々の精神力の健康さえもむしばみ、わが国の文化の実質をまことに脆弱なものにしています。単なる博識以上の根強い思索力・判断力、および確かな技術にささえられた教養を必要とする日本の将来にとって、これは真剣に憂慮されなければならない事態であるといわなければなりません。

わたしたちの「講談社現代新書」は、この事態の克服を意図して計画されたものです。これによってわたしたちは、講壇からの天下りでもなく、単なる解説書でもない、もっぱら万人の魂に生ずる初発的かつ根本的な問題をとらえ、掘り起こし、手引きし、しかも最新の知識への展望を万人に確立させる書物を、新しく世の中に送り出したいと念願しています。

わたしたちは、創業以来民衆を対象とする啓蒙の仕事に専心してきた講談社にとって、これこそもっともふさわしい課題であり、伝統ある出版社としての義務でもあると考えているのです。

一九六四年四月　野間省一

日本史Ⅰ

1258 身分差別社会の真実——斎藤洋一・大石慎三郎
1265 七三一部隊——常石敬一
1292 日光東照宮の謎——高藤晴俊
1322 藤原氏千年——朧谷寿
1379 白村江——遠山美都男
1394 参勤交代——山本博文
1414 謎とき日本近現代史　野島博之
1599 戦争の日本近現代史　加藤陽子
1648 天皇と日本の起源　遠山美都男
1680 鉄道ひとつばなし——原武史
1702 日本史の考え方——石川晶康
1707 参謀本部と陸軍大学校　黒野耐

1797 「特攻」と日本人——保阪正康
1885 鉄道ひとつばなし2——原武史
1900 日中戦争——小林英夫
1918 日本人はなぜキツネにだまされなくなったのか　内山節
1924 東京裁判——日暮吉延
1931 幕臣たちの明治維新　安藤優一郎
1971 歴史と外交——東郷和彦
1982 皇軍兵士の日常生活　一ノ瀬俊也
2031 明治維新 1858-1881　坂野潤治・大野健一
2040 中世を道から読む——齋藤慎一
2089 占いと中世人——菅原正子
2095 鉄道ひとつばなし3——原武史
2098 戦前昭和の社会 1926-1945——井上寿一

2106 戦国誕生——渡邊大門
2109 「神道」の虚像と実像　井上寛司
2152 鉄道と国家——小牟田哲彦
2154 邪馬台国をとらえなおす——大塚初重
2190 戦前日本の安全保障——川田稔
2192 江戸の小判ゲーム——山室恭子
2196 藤原道長の日常生活　倉本一宏
2202 西郷隆盛と明治維新　坂野潤治
2248 城を攻める 城を守る——伊東潤
2272 昭和陸軍全史1——川田稔
2278 織田信長〈天下人〉の実像　金子拓
2284 ヌードと愛国——池川玲子
2299 日本海軍と政治——手嶋泰伸

日本語・日本文化

105 タテ社会の人間関係　中根千枝
293 日本人の意識構造――会田雄次
444 出雲神話――松前健
1193 漢字の字源――阿辻哲次
1200 外国語としての日本語――佐々木瑞枝
1239 武士道とエロス――氏家幹人
1262 「世間」とは何か――阿部謹也
1432 江戸の性風俗――氏家幹人
1448 日本人のしつけは衰退したか――広田照幸
1738 大人のための文章教室　清水義範
1943 なぜ日本人は学ばなくなったのか――齋藤孝
1960 女装と日本人――三橋順子
2006 「空気」と「世間」――鴻上尚史
2013 日本語という外国語　荒川洋平
2067 日本料理の贅沢――神田裕行
2092 新書　沖縄読本――下川裕治・仲村清司　著・編
2127 ラーメンと愛国――速水健朗
2173 日本人のための日本語文法入門――原沢伊都夫
2200 漢字雑談――高島俊男
2233 ユーミンの罪――酒井順子
2304 アイヌ学入門――瀬川拓郎
2309 クール・ジャパン!?　鴻上尚史
2391 げんきな日本論――橋爪大三郎・大澤真幸
2419 京都のおねだん――大野裕之
2440 山本七平の思想――東谷暁